有「我」的教育学

肖川 著

江西教育出版社
·南昌·

赣版权登字-02-2023-148
版权所有 侵权必究

图书在版编目（CIP）数据

有"我"的教育学/肖川著.——南昌：江西教育出版社，2023.7
ISBN 978-7-5705-3689-4

Ⅰ.①有… Ⅱ.①肖… Ⅲ.①教育学－文集 Ⅳ.①G40-53

中国国家版本馆CIP数据核字（2023）第095883号

有"我"的教育学
YOU "WO" DE JIAOYUXUE

肖　川　著

江西教育出版社出版
（南昌市学府大道299号　邮编：330038）

出　品　人：熊　炽
责任编辑：曾　琴
美术编辑：张　延

各地新华书店经销
江西赣版印务有限公司印刷
880毫米×1230毫米　32开本　9印张　201千字
2023年7月第1版　2023年7月第1次印刷

ISBN 978-7-5705-3689-4
定价：48.00元

赣教版图书如有印装质量问题，请向我社调换　电话：0791-86710427
总编室电话：0791-86705643　　编辑部电话：0791-86708350
投稿邮箱：JXJYCBS@163.com　　网址：http://www.jxeph.com

序言

关注并引领人的成长，是教育学最核心的主题和最重要的学科价值。"有'我'的教育学"，就意味有着强烈的个性色彩、有"我"浓烈的生命印记和鲜明的个人风格、贯穿了真情与真气的教育学。它既区别于宏大的概念系统的教育学，也区别于科学主义的教育学。前者是居于社会背景和个人生命体验之上的抽象的、干瘪的因而也是乏味的教育学，后者是沾沾自喜地宣称"价值无涉""价值中立"的匿名的因而也是没有灵魂的教育学。

"有'我'的教育学"是生命教育所期望、所要求的。生命教育，概括地说，就是为了生命的教育，在人的生命活动中进行的教育。它有着丰富的内涵，其中之一就是：基于对每一个现实的、具体的人的丰富的内在潜能的洞察，在人的生活经历中，在人的丰富多彩（甚至相互冲突）的生命表现形式中，将生命活动本身作为一种教育资源、教育契机，从生命中汲取智慧，从生命的困顿与成长中学习，以生命沐浴生命，以生命滋养灿烂的生命。

无论以怎样的标准来划分，人们的生命活动（生理的、心理的，感知的、认知的，物质的、精神的，外显的、内隐的），对于每一个"自我"来说都是最为真切和最为重要的事件。因为生命一定表现为生命活动，没有离开生命活动的生命存在。

人，天然地有以自我为中心的倾向。也正是基于此，古希腊哲学家普罗泰戈拉才指出，人是万物的尺度，是事物之所以存在的尺度,也是事物之所以不存在的尺度。这意味着每个人都有自己的评价标准,有自己的立场、观点、趣味,有自己的一套自觉或不自觉的"价值排序"方法。也正因为如此,每个人的行为大体上是可以预测的,即可以预测到在一定的情境中,他会如何看待以及如何应对某一事件。这也就意味着人并不是完全不可捉摸的,进而意味着我们有可能去揭示、总结人的行为动机与行为表现的原理。教育学者从自身的生命历程中来领悟和提炼教育的原理就不仅有可能,而且有必要。只有这样,才有可能形成我所称之为的"有'我'的教育学"。

关于教育学的学科性质,国内外学术界都有过深入的探讨。迄今为止,人们所广泛认可的结论就是,教育学不是一门可以按照自然科学的研究范式来描述、评价、解释和预言的学科。它饱含着我们的信念、趣味和期待,文字的背后站着一个活生生的人。它关乎我们的品性、风格和偏好。在这门学科知识中,它应该包括如何体察与排解生命的困顿;如何感知和培植生命的价值感与自豪感;如何领悟和揭示生命成长的动机与律动;如何引导自我和他人走向人生的成熟与圆满;如何从经验中、从对自我内心的叩问和审察中发现共同的人性与独特的自己;如何去做一个幸福的自己,一个开放并包容的自己,一个不断超越自我、追求卓越的自己。在对这些问题的解答中,"有'我'的教育学"可以洋溢着鲜活的生命气息和饱满的生命热情。但凡关注人的社会性、精神性的研究问题,如果问题本身缺乏研究者的生命体验,其文字表达就会没有真情和生命的温度。

如果教育学知识只是逻辑推理的结论或实证研究的产物,它就不能够作用于人的心灵,就没有生命的体温,就难以让人感同身受，就只能停留在理性的、教条的层面而不能渗透进人的生命的内里。

近十年来，我一直试图从自我的成长经历中，从我过往种种的生命际遇中去发掘、捕捉、描述、阐释人生的感悟，去表达从我的生命世界中窥见的"真理"，表达从对自我内心的关照中得到的点点滴滴的发现。这是许多人特别是作为专业人员的教师都可以做得到的。

我们今天鼓励一线的中小学教师做叙事研究，就是要引领他们从"亲历亲为"的教育实践中，来发现一个独特的自我，发现工作的意义和乐趣，发现自己所作所为的得与失，并从中触摸到教育的真谛，以便不断地完善自我和改进自己的教育实践。

基于叙事研究的写作，需要做到如下三点：首先是真实、真诚。这意味着没有虚构，更没有矫揉造作、言不由衷，没有避重就轻和文过饰非，能够直面真实，字里行间流露出真情实感。其次是叙事内容具有典型性、代表性、独特性。这意味着所叙之事是有解读空间的，是值得玩味、引人深思的，而不是庸常、司空见惯的琐碎之事。最后是经验的概念化。这意味着写作不能停留在就事论事的层次，而要能够从哲理的高度做出自觉的、系统的、深入的反思，实现从感性认识到理性认识的飞跃。

如果广大教师的教育叙事写作能够做到以上三点，必将有助于培植教师的教育情怀，增进教师的教育智慧，提升教师的专业素养，也将为"有'我'的教育学"打下广泛的群众基础，为"有'我'的教育学"的成长和繁茂提供动力与源泉。

人文学术最重要的一个价值就是让写作者和阅读者的心灵进入一个语言文字的世界。这个世界不管它勾画、描摹得如何具体形象，终归是一个虚拟的、只有精神才能把握的世界。人们的心灵在语言文字的触摸下变得细腻和温润。

只有"有'我'的教育学"，才能成为鲜活、富有生命气息的教育学，才能成为具有启迪生命智慧、培植生命情怀的教育学，才能成为实践的教育学、生命的教育学、教师的教育学。因为，《有"我"的教育学》中有我的故事，有我的心在跳动，有我的生命成长的履痕，有我的思想与情怀，有我掘井及泉的收获与快乐，有我的向往与追求。

肖川

2022 年 10 月 17 日

目录

第一章 教育学：成己达人之学

002 | 教育学是人学

006 | 迷恋他人成长的学问

009 | 教育是人内在发展的需要

013 | 教育：从狭隘走向广阔

017 | 教育究竟该带给学生什么？

020 | 为幸福人生奠"基"

023 | 为何而教？为何而学？

027 | 做一位好老师

032 | 谈教师的成长

044 | 理解人是教育重要的思想基础

048 | 教育应让学生学会幸福生活

051 | 教育研究要"顶天立地"

054 | 校长的思想高度决定着学校的高度

058 | 好校长的特征

061 | 让我们对未来的呼唤朗声作答

第二章　生命教育：朝向幸福的努力

064 | 我与生命教育的结缘

068 | 我对"生命教育"的理解

072 | 我在探索、推广生命教育上的努力与作为

078 | 路漫漫，吾求索

084 | 瞭望"生命教育"的风景线

088 | 教育让生命更美好

091 | 生命教育的核心概念

093 | 生命教育推崇乐学

097 | 卓越班主任都有积极的生命姿态

100 | 以爱育爱：究竟应该爱什么？

102 | 经典教育电影微评

第三章　人生，才是最重要的作品

106 | 吾心即宇宙

108 | 心若向阳，无处不花开

112 | 人是万物的尺度

116 | 你的思想，就是你的世界

119 | 为人生修剪

122 | 人生才是最重要的作品

125 | 人与人的差别即价值观的差别

129 | 闲与忙

132 | 幸福是一种态度

134 | 独处

136 | 投资你的人生

第四章 生命在于表达

140 | 文章，天下之公器

143 | 我手写我心

146 | 能写好文章的人，几乎万事可做

148 | 写作：最重要的是真实

150 | 写作：聚积人生的风景

152 | 出身与努力，哪个更重要？

155 | 每一个人都是独特的

159 | 做一个善良的人

163 | 我与世界有个约会

| 167 | 生命在于表达

| 170 | 一切从"心"出发

| 173 | 意与言

| 176 | 古语新说

第五章　生活是多么美好

| 180 | 生命期待着我们蓦然回首

| 182 | "热爱生活"还是"看清世界"?

| 185 | 人需要怎样的生命姿态?

| 188 | 益者三友,损者三友

| 192 | 艰难困苦,玉汝于成

| 196 | 人同此心,心同此理

| 198 | 做一个大写的人

| 201 | 做一个有趣的人

| 203 | 生命的名单

| 205 | 人品与人脉

| 207 | 为什么要建设好社会?

| 210 | 向所有拥有高贵灵魂的教师致敬

第六章 成长是人生恒久的灿烂

- 214 　五十述怀
- 221 　手杖
- 224 　放牛娃进京四十年
- 227 　旅行的意义
- 230 　人与人的关系，就像多米诺骨牌
- 233 　运用之妙，存乎一心
- 235 　学者的节操
- 237 　人为什么需要成功？
- 242 　成长是永恒的主题
- 247 　特别的生日礼物
- 250 　生命成长的履痕
- 259 　我的老师
- 267 　金钱在生活中的角色
- 269 　朝着梦想的远方

后记

第一章
教育学：成己达人之学

作为人文学的教育学，就是要集"智慧之见"之大成，劝导、感召、引领人们朝着光亮的方向成长，成长为不可替代的独特而和谐的人。

教育学是人学

1

"教育学是人学",这在业界已成共识。人学,或称为"人文学",是一个大家族,是一个学科群。凡是关注并探索人的成长、发展路径与策略的,都属于教育学的范畴。因为每个人都有成长、发展的问题,几乎所有人都会见证甚至参与到别人的成长、发展过程中,所以大家都可以对教育发声。但真正有价值的观点只可能从有一定高度的深谙人性与自我发展的人的严肃思考中生发出来。作为人文学的教育学,就是要集"智慧之见"之大成,劝导、感召、引领人们朝着光亮的方向成长,成长为不可替代的独特而和谐的人。

2

"知者不惑,仁者不忧,勇者不惧。"(语出《论语·子罕》)在全球范围内,智慧、仁爱、勇敢是许多文化圈共同推崇的,亦可见"人同此心,心同此理"。勇敢,之所以值得特别推崇,就在于它与人的尊严息息相关。勇敢的对立面是怯懦,是胆小怕事,是贼眉鼠眼,是逆来顺受,是忍气吞声,是仰人鼻息的依附,是低眉顺眼的"跪舔"。勇敢，与责任担当相关，与看淡得失乃至生死相关。勇敢，既可以表现为仗义执言，也可以表现为见义勇为，还可以表现为"宁为玉碎，不为瓦全"。可见，勇敢背后是有"道义"的支撑的，而非粗鲁的匹夫之勇。勇敢所表现出的勇气，是一种浩然之气。它蕴含着谨慎，也饱含着远见卓识。在很多时候，揭示真理常常只是一个勇气问题。一个人不论身体如何健壮，如果缺少了现代公民应有的勇气，那他也只是行尸走肉而已。

3

都说人在认真时最美。专心致志中有认真，一丝不苟中有认真，坚持不懈中有认真，不忘初心中也有认真。认真与专注、投入有关，与对目标的执着有关，与兴趣、爱好有关，与责任感和使命感也有关。认真是一种宝贵的品格，它摒弃心不在焉、漫不经心的状态，它远离游手好闲、无所事事的行尸走肉，它是生命之花的纯美绽放。所有取得卓越成就的人，都一定具有认真的品格。也正是这种品格，使他们赢得了他人的信任与尊重，赢得了更多的机会。对一项工作，你是抱着敷衍、应付的态度，还是认真、投入的态度，决定了你人生的意义。有些人对很多事情均采取敷衍的态度，结果，敷衍来敷衍去，把自己给敷衍了，最终拖着疲惫与沮丧的身心走向人生的终点。

4

在中国近现代史上，有一个议题，那就是"知识分子的风骨"。知识分子的精神风貌，核心是风骨，即不依附、不谄媚，坚持真理，实事求是。其实，这主要受时代风气的影响。当然，人在任何时候都可以有自由意志，所谓"三军可夺帅也，匹夫不可夺志也"。一个学人，如果学术节操有问题，即使学养再好，方法掌握得再娴熟，再勤奋努力，也只是把曲学阿世包装得更加精致、更有欺骗性而已。

5

"爱、发现、创造"，这三者是让生活芳香四溢、光芒万丈的主要元素。"爱"，意味着情有独钟，意味着亲密关系，也意味着兴味盎然。"爱"的反面包括恨，包括厌恶，更包括冷漠与无所用心。而这些，都会使生活暗淡，日子阴郁。"发现"，在生活中随时都可以：发现可口的食物，发现过目难忘的表达，发现令人沉醉的风景……当你有一颗开放、敏感和欢快的心，"发现"就会变得寻常。"创造"，也并非高不可攀，只要你不画地为牢、自我设限。"创造"就是"无中生有"。人要勇敢地尝试，试错本身就是创造的过程。不拘一格，不墨守成规，审慎思量，百折不挠……这些都是创造过程中所必需的品质与功夫。

6

"当人成为缩头乌龟时,这个社会就失去了骨骼,失去了力量。无论他混得多么风光,也不过是公义上的弱者。"这句话可以使人警醒,给人鞭策,予人指引。社会的文明进步,我们无一例外都是受益者。在这里,我说的"我们",就是我认识或者不认识,不享有任何特权,自食其力,人品端正,无非分之想,渴望去建设一个自由、民主、文明、法治、捍卫人权、富于创新的社会的所有同道中人。

7

一个人的成长,需要两种力量:实事求是的肯定与鼓励,以及善意、中肯的批评与建议。适当的批评更能让人进步与成长。当一个人还愿意听取批评意见时,他就还未老,也还有成长的空间。一个正派而内心强大的人,从不害怕批评。当然,他也不会姑息对自己人格与尊严的恶意伤害。

第一章
教育学:成己达人之学

迷恋他人成长的学问

1

我们为什么要孩子？我听到的最有水准的答案是：我们可以参与另一个生命的成长。如果我们在有生之年，一直可以参与到自己孩子的生命成长中去，那又何尝不是一种幸运和幸福呢？一些读书人家的孩子，对其父母所从事的学科领域不感兴趣，甚至嗤之以鼻，至少在一定程度上说明家长对自己所从事的学科的热爱程度不够，至少说明家长在孩子面前没有自然而然地、很好地释放出学科的智慧魅力，以及与此相关的职业魅力。我们有没有一种强烈的、情真意切的学科与职业认同感、自豪感，这一定会影响家庭文化氛围，进而影响我们的孩子。作为家长，我们只能参与到自己孩子的生命成长中去；而作为教师，我们可以参与到许许多多孩子的生命成长中去。从这个意义上说，教师这一职业的确是非常尊贵的。

2

每个孩子都是一个独立的个体，尊重孩子包括尊重他的自由意志。我的儿子上大学时选择了他非常钟情的教育学专业。我很欣慰他能子承父业。他还不到四岁时,我就在家中的电视里播放我的讲座"让学生在自主学习中成长"的录像。他在电视机前跑来跑去,居然突然冒出一句"我们来自主学习吧"。我的妻子在国际学校做校长十多年,常常会在吃晚饭时分享学校中发生的有趣的事。我想,正是这样的家庭氛围让他对教育有了一种热爱。加拿大当代著名教育家马克斯·范梅南给教育学下了一个充满诗性的定义:教育学是"迷恋他人成长的学问"。我的体会是,如果父母对自己从事的学科、职业(专业)有一种发自内心的热爱,那要不影响到孩子都很难。孩子心甘情愿地在专业领域内继承父业是一种比较理想的事情,因为它会使得孩子在专业领域的起点比较高,从而在其他条件同等的情况下,可以走得更远,飞得更高。

3

一个能够成为众多学生生命中的贵人的教师一定是成功的、优秀的教师。而只有一个过着幸福生活的人,一个在生活中和个人追求上成功的人,一个有着丰富的、值得分享的思想与情怀的人,才有可能成为优秀的教师。也就是说,以上三点还只是必要条件,而非充分条件。成为一个优秀的教师还需要更多的条件,包括具有作为教育者的知识、耐心与技艺。在某种意义上,一个优秀的教师与一个优秀的人之间是可以画等号的,这也是教师这个职业的特征。一个优秀的艺术家、设计师或工程师未必就是一个优秀的人,但一个优秀的教师在很大程度上是一个优秀的人,从而会有很多的学生对他充满感恩和敬意。

4

我始终相信，我们每个人都可以让生活变得更好。我们都有可能以诗意抵御庸常与无聊，以使命感和人类意识消解琐碎。当无助感和苟且成为一个人生活的常态时，他也就会形成一种习惯并进而形成一种消极怠惰的品性。每个人的生活都会有多种面貌，多发现生活中阳光明媚的一面，我们是可以做到的。要相信这个世界上有为理想而努力着并且人生灿烂辉煌的人。从一定意义上说，生命美好的姿态就是既要仰望星空，又要脚踏实地，朝理想的目标不倦地行走。

5

"我的世界，春暖花开"，我喜欢梁芒写的这句歌词。一个人只有感觉自己是幸运的、幸福的，他对现实世界的批评（批判）才能是健康的。而一个感觉自己不幸、失败的人，他对现实世界的批评或许不乏敏感与深刻，但其中也会夹杂着抱怨与私愤。因此，如果你想对现实世界的批评更纯粹、更有力量，首先你要使自己成为一个成功的人、幸福的人。批判现实，只因为现实的不完美；批判现实，只因为你希望更多的人生活得像你一般的幸福。这样的批判才会熠熠生辉。

教育是人内在发展的需要

1

丰子恺先生认为，人有"五欲"：食欲、色欲、知欲、德欲、美欲。这"五欲"概括得很好。教育就是把人的天性中固有的东西引发出来，并施之以健康的价值引导。因为人有"食欲"，饮食又影响着人的生存、发展与享受，所以要有"食育"；因为人有"色欲"，即有本能的与异性亲密接触的需要，所以要有"性教育"；因为人有"知欲"，即有理智的好奇心，所以要有"智育"；因为人有"德欲"，即每个人都有做一个好人的需要，所以要有"德育"；因为人有"美欲"，即人有审美的需要，所以要有"美育"。教育不是一些人的一厢情愿和强制灌输，是人的成长、发展的内在需要。

2

发展程度比较高的人的一个重要特点就是有较为广泛的适应性，无论是对自然环境，还是对人文环境。与适应性相关的是包容性、开放性。在自然环境中，适应性表现为对温度、湿度等气象变化不会过于敏感，对饮食口味不会太挑剔，在大多数情况下都能安然入睡等。在人文环境的适应性上，表现为善于入乡随俗，不会少见多怪，能较好地作移情性的理解；尊重并能广泛地欣赏文化的多样性，即使对于以自身的价值观念判断为"野蛮"的事情，也能尝试去理解。一个人怎么才能更具广泛的适应性呢？最有效的途径是具备丰富的经历，尤其是通过游历获得的经历。在适应性这点上，"行万里路"是最好的教育。教育，就是从狭隘走向广阔的过程。广阔，表现为包容性、开放性、适应性和一定程度上的稳定性。

3

希望将来我们的孩子，能拥有五样东西：扬在脸上的自信，长在心底的善良，融进血液的骨气，清风拂面的温柔，刻进生命的坚强。这就需要教育的内容与方法充满开放、真诚的时代精神。任何个人都是目的与手段的统一，而目的是第一位的。人的自由与解放是社会文明进步的永恒主题。

4

文化人，或者理论工作者，或者所谓的专家学者，其作品可以包括学术著作、学术论文、情趣散文、杂感（微评）等。这一分类并不是十分严谨的。广义的散文包括随笔、小品文、杂感、针砭时弊的杂文等。在这里，我之所以把它们与学术著作、学术论文并列，就是想拓展一下、丰富一下人们对于"成果"的认识。一般来说，学术成果的含金量是更高一些的，因为它是基于系统的研究和严谨、规范的表达形成的。但对于人文、社会学术领域的学者,如果他们只会写学术著作、学术论文,那么其水平一定有限,其作品往往缺乏一点生命的温度与可读性,尽管这不是学术著作最重要的元素。

5

我撰写了一副楹联:福寿天地人,喜乐精气神。横批:挺直腰杆。福,即拥有美好的事物。可对"美好事物"的理解,不能仅仅停留在"丰衣足食"这样的物质层面,而应升华为"尊严、精神卓越"这样的层面。如果一个人缺少这些,长寿的意义就不大。人,要能真正成为"立于天地之间大写的'人'",自由、民主、人权是须臾不可缺少的。而这些也应该是一个人"精气神"的脊梁骨,唯有如此,"福寿""喜乐"才具有时代的内涵与高度。

6

我自认为"三观"特别正确,即使偶尔"口无遮拦",也不会言不及义。我努力做到"缘道而行,自适己意;积极作为,健康第一"。有朋友建议我将"积极作为"改为"顺势而为",也很好。积极,是一种生命姿态,"自适己意"前提下的"积极作为"是一种追求。人在任何境遇中都可以也需要有"追求",这也是人的"自由意志"的体现。

第一章
教育学:成己达人之学

7

把所有的经历都当成学习的资源,当成滋养人生的养分,这就需要对经验进行自觉的反思。反思不是"瞎琢磨",反思需要有参照系或者说"解释框架"。在这个过程中,"理论的学习、掌握与自我建构"扮演着不可或缺的角色。当然,理论本身是有品质与格调的。任何理论都没有免遭批判的豁免权。真金不怕火炼,这对任何理论都适用。我们要谨防一些似是而非的东西打着"理论"的幌子"粉墨登场"。

8

在纷繁的世事面前,尝试着建立起自己的一个具有专业意味的"观察点",是一个不错的选择。这个"观察点"的建立需要专业知识,尤其是理论修养。因为理论不仅引发、引导观察,而且始终伴随着观察。观察的结果最终也需要理论来加以解释和对未来趋势做出预测。理论与观察相互生成、相互修正、相互完善。在这一过程中,核心概念充当着"视镜"的角色,发挥着"放大显微"的作用。扩容、提炼、打磨、厘定这些概念,就是"理论建构与实际观察"过程的一部分。

教育：从狭隘走向广阔

1

真正的教育一定包括让人习惯听到不同的声音，不断地从狭隘走向广阔。人们都更乐意听到肯定与赞赏，其实这背后就包含了人性的弱点。小到一个人，大到一个团队，没有谁是尽善尽美的。听得进批评乃至挑剔的意见，是成熟的、具有胸襟的表现，而勇于承认自己的不足，就更是明智之举。是批评的声音，而非赞赏的声音放大了人们的格局。自信满满，并非总是表现为"一贯正确"，而是表现为勇于自我反省、自我检讨，以及开放与包容。

2

"让学习真实地发生，确保学生学有所获"，这样的教学理念和教学追求，有必要根植于教师的心中。这就需要教师和学生都能很好地理解"学习"。学习包括模仿，比如模仿复杂与高级结构的语言表达。学生在学习过程中越自觉，学习的效果就越好。教师始终要担负起的责任就是帮助学生进行有效的学习——"自我导向、自我激励、自我监控"地学习。

3

今天的人们不难达成一个共识：即使是科技工作者，也需要有很好的人文修养。那究竟什么是"人文修养"呢？我能给出的观点就是："人文修养"的核心内容包括对人的需要及其表现形式的体察与理解，对个人的独特性、价值与尊严的自觉守护，对人类文明的历程以及这一历程中所蕴含的对价值观的理解与认同。科技工作者为什么也需要有"人文修养"呢？因为科技只有让人类生活得更美好才有价值。而"美好"是一个价值判断，这个判断要由具体的、现实的个人来做出。而且，对价值与意义的追求，可以成为人们行动的情感推动力。

4

许多人对人文学科有着极其肤浅乃至错误的认识：文科就是死记硬背一些史实、概念和社会原理。其实，文科是要通过对人类过往以及今天的种种思想观念与实践的思考，去理解作为人类的我们的需要、梦想与渴望，以及这些需要、梦想与渴望在不同的族群、不同的发展阶段、不同的性别、不同的生存境况与不同的受教育程度的具体人群和具体个人身上的体现，在人类的"一"与众多个体的"多"之间建立起一种可理解、可阐释、开放、多元的框架。如此一来，个人便有可能变得才智清明、情性通达，既与众不同、不可替代，又具有很强的同理心、同情心，关心社会，善待他人，并从服务与奉献社会中获得人生的乐趣。

5

人活到一定的年纪,尤其是达到一定的境界,就真的可以很"佛系"了:没有什么大不了的事,也很少遇到棘手的问题;一切都好说,怎么样都无所谓;随遇而安、随心所欲、顺势而为地做点感兴趣的事情,如果同时还有意义就更好了。但达到一定的境界却需要一些条件,尤其是思想觉悟、观念的升华。整体来说,生存境况决定生命境界,但二者又具有一定的相对性。高境界的知行合一,需要以一定的生存境遇为条件。

6

一个人的成长表现为内心的逐渐丰满与强大。丰满,即丰富,懂得更多,对许多问题有比较透彻的理解,有一个广阔的心灵世界。而一个人内心的强大则需要严密而周全的逻辑思维、契约精神,以及客观而深刻的自我认知能力。缺乏严密而周全的逻辑思维,就会挂一漏万、顾此失彼、以偏概全;缺乏契约精神则会践踏规则,表现出无赖的嘴脸;缺乏客观而深刻的自我认知,要么会过分在乎他人的、外在的评价,要么自尊的水平比较低。内心强大的人,乐于倾听不同的声音,能够坦然承认自己的缺失与不足。因此,可以说,成长的过程就是不断让自己内心变得强大的过程。

7

人生中有很多第一次。一般来说，第一次萌生的对异性的喜爱以及初恋，记忆会比较深刻。另外，第一次受到奖励、惩罚、伤害，或经历亲友亡故和父母离异等重大情感事件，都会给人带来较大的影响。一个人在过往中究竟经历了什么，只有他自己最清楚。生命教育要唤起人们的生命自觉，这其中也包括对自己无数个"第一次"的感受与解读。我很注重词汇的积累，因此，每当我第一次在表达中使用到一个词时，我会有一种欣喜——这丰富了我对积极情感的认知。

8

背诵对于积累语言、丰富思想、增强记忆力，以及养成良好的学习习惯和提高阅读质量都有重要意义。学有所成的人，一定是在背诵上下过"笨"功夫的人。人没有大量的通过背诵所获得的语言积累，就必定头脑空空，也不太可能形成"反复推敲、仔细琢磨"的好习惯。背诵，并不等于死记硬背，它在很大程度上都可以在充分理解的基础上进行。教师要在背诵上为学生做出良好的示范：我是如何记忆并理解这一段表达的？容易在什么地方出差错？原因何在？在背诵的基础上仿写，对语言表达能力的提升也很有帮助。

教育究竟该带给学生什么？

1

我和我的同事都希望招收到优秀的学生。何谓优秀？一是对重要的、有研究价值的教育问题有持续、系统和深入的关注，并有一定的学术积累；二是表达条理清晰，措辞精当，表现出推理严谨的思维，有良好的驾驭语言的能力；三是有较宽广的阅读面，对经典著作的观点与论证方式有透彻、准确的把握。这是我内心评判一个青年学子的学术潜力的标准。

2

从基础教育到高等教育，我们特别缺乏的是思维训练，它包括分析、推理、提炼、概括、总结等的训练。可能绝大多数教师自己也不会，只会简单地凭十分有限的感觉、经验不太有条理和不太系统地想一下，然后有那么一点盲人摸象、挂一漏万的想法。绝大多数人没养成系统的、有条理的、有依据的、彻底的、细致的思考习惯。

3

我们的教育究竟带给了学生什么？相当多的学生获得了硕士学位，可连基本的提炼、概括和总结的能力都不具备，表达拖泥带水、不得要领，让人丝毫感受不到那种举重若轻、一语中的的睿智，那种智慧的"穿透力"。教育要着力开发学生的智慧能力，这需要从内容到方法进行彻底的改革。大家首先需要意识到，落后的一个直接原因是我们的智慧潜力普遍没有得到较好的开发。

4

我们的教育很有必要注重培养学生自信从容、条理清晰、有根有据和富有个性的口头表达。我们的多数学生到了硕士研究生甚至博士研究生阶段，还不具备这样的能力。这关乎口语训练的问题，但又不是仅仅靠口语训练就能够完全解决的。这涉及他有没有真正属于自己的思想，有没有足够的积累，以及是否具备自信、开朗的个性品质。

5

培养孩子的写作能力，要与培养他们的精神关注及思维能力联系在一起。只有兴趣广泛且有一定深度的精神关注，才会有不竭的、强烈的表达冲动。不想表达或者没有什么要表达的，写作训练就会有些吃力不讨好。所谓精神关注，就是能够对一些现象和问题自觉地做系统了解，并做寻根究底的追问。这种关注往往是超越其实际生活需要的，可以也应该加以自觉培养。

6

所有的教学都要自觉地承担起一个任务：让学生学会思考，掌握正确的思维方法，培养学生批判地看待世界的意识和能力。我深感国人思维能力的薄弱，一大原因在于教学基本上属于所谓"知识"的灌输，而非智慧的开启，更缺乏对于思维过程的关注。这使得很多人缺乏良好的判断力。

为幸福人生奠"基"

基础教育是一个历史的概念。随着社会的进步,人们进行新的创造所需要的基础将愈加雄厚,基础教育的年限也将逐渐延长。在今天的西方发达国家,就出现了大学本科教育也逐渐成为基础教育的趋势。我们说,基础教育要为学生的终身发展奠定基础,要为学生幸福的人生奠定基础,那么,这个基础应该包含什么?对于这个问题的回答,反映我们的眼界、见识、胸襟与怀抱,反映我们对于教育的价值追求。过去,我们将基础教育其"基础"的含义仅仅理解为基础知识、基本技能,即所谓"双基"。这种理解不仅是片面的、狭隘的,在实践中也是有害的,那就是不利于基础教育为学生幸福的人生奠基,不利于基础教育服务于完整的人的成全。

在我看来,要为学生幸福人生和终身发展奠基,基础教育至少应该包括以下四个方面。

基础教育应该在学生的内心世界中打下一个亮丽的底色。让学生感受到生活的美好,人性的美好;让学生学会过精神生活,重视精神的价值,眷注内心,使学校生活成为学生整个人生美好回忆的巨大宝库,以便学生形成快乐、开朗、积极、乐观的人生态度。快乐是心灵的阳光。一个不快乐的人,就有可能内心变得阴暗,就可能对人不信任,甚至充满敌意,就有可能成为害群之马,甚至是穷凶极恶之徒。

基础教育应该包括学生终身学习的愿望、兴趣和能力。学生终身学习的愿望、兴趣和能力的培养和发展是比他们学到了什么更有意义的。"问题不在于教他各种学问，而在于培养他有爱好学问的兴趣，而且在这种兴趣充分增长起来的时候，教他以研究学问的方法。"（卢梭）当然，这离不开对具体内容的学习。但这个过程是不是能够让学生感受到智力劳动的快乐，是不是有一个精神充实的过程，是不是能经历精神的历险和理智的挑战，决定着我们的基础教育能不能发展出学生终身学习的愿望、兴趣和能力。"善歌者，使人继其声；善教者，使人继其志。""知之者不如好之者，好之者不如乐之者。"只有当我们教师有不断学习的愿望和兴趣，才可能为学生打下终身学习的基础。

基础教育应该包括发展学生独立地、有尊严地面对世界的品质和能力。这就需要学会质疑与独立思考——不轻信、不盲从、不唯书、不唯上，一切都放在理性的天平上来考量，思考别人思考过的问题；就需要学会有效地自我表达——能够充分地、体面地表达自我，包括口头语言、书面语言、肢体语言的表达，也包括我们的待人接物、穿着打扮，甚至一切的创造性的活动都是一种自我表达；就需要学会收集和处理信息——当你做出选择和决定时，你知道从什么地方可以获得可靠的、足够的信息。我们必须具有自主判断、自主选择、自主承担的能力，这些能力的发展，是造就独立的而不是仰人鼻息、依附于人的，有尊严的而不是自轻自贱的人的重要方面。

基础教育要帮助学生与他人、自我、自然建立积极的、富有建设性的关系。学会宽容，学会善待他人，学会珍惜亲情、友情，学会与他人建立起真诚的、亲密的关系；学会自我反省、自我检视、自我超越和自我发展，形成积极的自我图像，形成自我的同一感和统一的生活哲学；学会亲近自然，聆听天籁之音，珍爱万物，珍惜我们生活的环境和自然资源，不暴殄天物，不人为物役。

一言以蔽之，基础教育不仅要对学生的升学考试负责，更要对学生一生的幸福负责。基础教育要带给学生希望、力量，带给学生内心的光明、人格的挺拔与伟岸，带给学生对于自我、对于生活、对于未来和对于整个人类的自信，使每一个学生都能够成为社会的建设者和幸福人生的创造者。

为何而教？为何而学？

1

教学，即教师引导、指导下的学生的学习活动与学习过程。对教师的教而言，应该有这样三个层面的目标追求：

为掌握而教。无论知识还是技能，如果不能掌握，对于人的发展的意义就将大打折扣。针对不同的教学内容，检测学生是否真正掌握不同的方法，复述与运用就在其中。为使学生较好地掌握学习内容，明确的示范、反馈与强化就极为必要。

为创造力而教。创造力是人的智慧能力最高级、最集中的体现。我们很难孤立地去发展人的创造力。它只能在一个人的心智能力与人格品质的整体发展中来彰显和张扬。

为生命成长而教。教学最高、最具恒久价值的目标是师生共同的生命成长。它意味着我们在不断地成为一个更完整、更丰富、更厚重、更纯粹、更光明的人。

2

何谓"掌握"？这要根据学习内容的性质来确定。教育心理学有很多的探讨。

简单地说，如果学习内容是语言材料，可以通过复述与背诵来检测；如果是智力技能，那可以通过完成任务或解决问题来检测；如果是动作技能，则可以通过动作表现、展示来检测。

有一篇特别好的文章——《宋词极简史》。它通过解析李煜、柳永、晏殊、欧阳修、王安石、苏轼、秦观、周邦彦、赵佶、李清照、岳飞、陆游、张孝祥、辛弃疾、蒋捷等著名词人的21首名作，唱尽宋朝319年。

虽然，李煜不属于宋代人，但他的词作题材广阔，含意深沉，在五代词中别树一帜，对后世词坛影响深远，开一代词风，被誉为"词帝"。而蒋捷，属于大宋遗民，宋代词风在他的作品中仍得以延续。

文章最后说："雨停了，梦……也就醒了！悲欢离合，不过'无情'二字，而已。"

这篇文章，我读过不下十遍，我不仅背下了这些宋词名篇，也很好地厘清了这些著名词人之间的师承关系，并通过拓展阅读更丰富和深入地了解了他们，触摸了那一段历史。

3

掌握是为了创造。创造是人类所有智力活动中最为高级、最为复杂的活动。一个人不掌握相关的知识与技能，创造就会成为无源之水、无本之木，创造时就会力不从心、徒唤奈何。用心揣摩、充分理解、精准反馈、及时温习、反复练习，对于扎实掌握相关的知识与技能都很有必要。

真正有智慧的人，大多都下过"笨"功夫。相反，那些自以为聪明的人,即有小聪明却无大智慧的人,他们总想着走捷径,投机取巧,舍不得下苦功夫,往往对很多事情都一知半解、浅尝辄止。因此,他们的创造能力也不强。

当然,一个人的创造能力受多种因素的影响,包括天赋、人格品质、成就动机、社会文化氛围等。但古人说的"勤能补拙""熟能生巧",在很大程度上是很有道理的。

4

"生命成长"的内涵更为丰富,它包括:健康价值观的形成,阳光心态的培育,丰富而和谐个性的养成,人生支持系统的建立,经验与学识的丰富,认知能力(尤其是创新能力)的提升,等等。

将"生命成长"作为教与学的最高目标,是文明社会中"人是目的""以人为本"的价值追求的体现与落实。

成就一个人,使他成为一个完整的人,一个有能力创造自己幸福人生的人,一个对美好社会的建设能够做出积极努力与贡献的人,有赖包括社会、家庭、学校、自我在内多方面的共同努力。

5

衡量一个人的发展水平最重要的尺度,应该是智慧能力的发展程度。

"智慧能力"包括理性精神与认知能力两个方面。而理性精神包括客观,尊重事实与逻辑,勇于承认与修正错误,乐于自我反思,服膺真理而非习俗或权威,开放与包容等。

一个具有理性精神的人，一定是讲理的人，而非专横、霸道与颟顸（糊涂而又马虎）之人，他的道德修养也一定不会差到哪里去。智慧能力的另一个重要方面——认知水平，包括感受力、记忆力、思考力、想象力、创造力，其发展水平受天赋、经验、学识积累、认知策略等因素的影响。

对教师而言，"为掌握而教，为创造而教，为生命成长而教"；对学生而言，"为掌握而学，为创造而学，为生命成长而学"，是发展认知能力的不二法门。

做一位好老师

1

教师就是在尽可能多的方面为学生做出示范的人,是引领学生与有学养的人进行对话的人。在这一过程中,教师实现着价值引导与自主建构的统一。对学生而言,好教师就是一个世界:一个令他目不暇接、喜闻乐见,甚至流连忘返的世界。学生在这个世界里,能够学到如何有品质地生存,有格调地生活。当学生走出这个世界,走向更广阔的世界时,他能够更乐观、更明亮、更信心满满、更胸怀博大。

2

教师要经常和学生分享自己对重要事件的个人观点,分享自己的人生信念及教育信念。对学生而言,教师本身就是鲜活、真实的课程资源。如果教师个人的发展程度比较高,他的生命就会自带光芒,他的一言一行都会饱含教育的价值与力量。有一个不争的事实是,你不能给予别人你所不具有的东西。因此,对一个教师而言,首先要做的是提高自己的发展程度,这决定了他能否成为一个好的学科教师,成为一个好的教育者。

第一章
教育学:成己达人之学

3

"发展自我"指能惠及个人、成为一个更好的自己的所有过程。它包括认知能力的发展——对概念、原理以及其他事物都有更丰富、细腻、深刻、精准的认识,不断生成对世界万物的更加健康的情感与态度,始终在进行更高级的探索、提升解决问题的技能、保持身体的活力。如果一个人总是能够把"发展自我"作为个人的追求,专注于自己的生命成长,把其他一切,诸如财富、声望、友情等,都看作如影随形的副产品,他的生存境况一定不错,生命境界也会比较高。

4

"发展自我"一定离不开学习。许多人的发展程度不高,原因有很多,也各不相同,但不外乎:学习的自觉性不够强;没有遇到良师,即好的示范者;知识掌握的巩固性、灵活性不够……比如,很少有人在口头或书面表达中措辞精当而丰富,是因为许多词语还没有变成他们可以运用自如、驾轻就熟的知识储备,就如同生活中的一些人,你感觉很面熟,却不曾走进他的内心世界,他也只是你生命中的"局外人"。"发展自我"可以从养成一些良好的习惯开始。这些习惯包括深度阅读、坚持积累、细腻思考、精准表达、勤于写作……

5

《孟子》中说:"有为者辟若掘井,掘井九轫而不及泉,犹为弃井也。"意思是有作为的人做事情好比挖井,贵在持之以恒。如果挖得很深还见不到泉水,也不能停下来,否则这口井就是一口废井。做事情贵在坚持,要持之以恒而不要半途而废,否则将功亏一篑、前功尽弃,挖了半天不过是挖了一口废井。人的一生,追求一个目标比追求两个或两个以上目标更容易成功。何谓成功?充分发挥个人潜力就是成功,把一件事情做到极致就是成功。这需要掘井及泉的功夫。

6

生活中的一个真理是,你在别人心目中的位置,是由你的作为决定的。当你只对关乎个人利益的事情感兴趣时,别人就会对你不感兴趣。人心是相互的,当你喜欢一个人时,很大概率上他也会喜欢你。有人把"道德"定义为"聪明人的远虑",这虽然使"道德"包含了一些功利的元素而使得它不那么纯粹,但又具有相当的真理性。对别人有更多的积极关注,用我一贯的主张来说就是"与他人有更多有意义的交往",这样我们都会成为受益者,成为更好的自己。

7

在这个世界上,有人是幸运儿,有人却是倒霉蛋。这背后的原因,经常说不清道不明。宿命论者相信一切皆有定数,一切都是最好的安排。"定数"也罢,"冥冥中注定的"也罢,既不能证实,也不能证伪。人,唯一可以做到的,就是对自己的要求,如"日行一善,日诵一诗,日识一人,日理一事,日拱一卒,日作一文"。这六个"一",许多人努力一下大体上是可以做到的。"天道酬勤""天道酬善"表面上看也不过是诉诸神秘力量,但"勤"与"善"本身是可以作为推论出的人的福报的缘由。

8

这个世界上有些人,你是可以放心交往的:他在几乎所有的关系中都愿意付出更多,虽然在某件具体的事情上他也有可能表现出索取。我想努力成为这样的人。人不仅要勇于批评与自我批评,也需要表扬与自我表扬。但无论是批评还是表扬,都必须实事求是,都必须能够经受得住时间的考验。

9

从某种意义上说,我们生活的世界是人生的竞技场。这场竞争本质上是人与人之间智慧与品格的比拼。自助者天助,敬人者人恒敬之,这话是很可信的。因此,教师若希望有更美好的人生,唯有自强不息、毫不懈怠地追求卓越。教师也需要经常扪心自问:

我是不是一个受人尊敬和欢迎的人？我是不是一个"学而不厌、诲人不倦"的人？我是不是一个配享幸福的人？

10

关于何谓"大学"，梅贻琦校长的经典表述众所周知。依我之见，大师固然重要，"大楼"所代表的硬件的高水准也很重要。你得承认，物质的辉煌灿烂也是具有力量的。易中天说："何谓大学？非大厦也，亦非大师也，乃大度也。"他的贡献是直言"大度"之必要。"大度"其实就是学校的文化精神。"大学"的本意就是"无限阔大、无限包容"。

谈教师的成长

作为教育人，我们有三重身份：我们首先是一个生活者，需要经营好自己的生活，过一个美好的、有品位的、有价值与意义的人生。我们也是教育的专业人员，要成为称职的成功的教师。我们绝大多数人还是孩子的家长。这三重身份是高度相关的，一个在生活中经常感受到失败的人，既不可能成为一个称职的教师，也不太可能成为一个合格的家长。总体而言，我自认为还算是一个比较成功的教育人。到目前为止，我写有三百多万字，出版十多本书，走进过成百上千所学校，影响过成千上万的教师。正如成功学里有句口号："成功一定有方法，失败一定有原因！"反思我的成长经验，可以概括为六个词、二十四个字：深度阅读、坚持积累、细腻思考、精准表达、勤于写作、掘井及泉。

深度阅读

很多人都谈过阅读的重要性和方法，我特别强调深度阅读，书读得透比读得多更重要。我发现很多人读书的问题是没有读透。在我看来，精读与泛读的比例，在时间分配上比较合理的应该是 6∶4，就是花 60% 的时间精读，40% 的时间泛读。泛读是必要的，因为不去泛读，就很难发现值得去读的东西。但发现了值得读的书，就要读到如同己出、烂熟于心，这就是精读。如果读一本书，不能够记住一些精彩的表达、重要的命题，那读这本书的意义就很有限。精读得怎么样，有一个很简单的检测方法，那就是你能背诵多少东西。如梁启超这样的学问大家，就能背诵大量的东西。如果头脑中没有储存大量的词汇，深刻的思想、细腻的情感就无法表达；如果一个人的思想资源仅仅只是来自当前的刺激物这样一些东西，那他的思想资源是很有限的。只有当你读的很多书都能储存在你头脑里面，你才能真正做到思接千载、视通万里，才能有那种"登山则情满于山，观海则意溢于海"的对于生活、对于世界的感悟与发现。如果我比我的同龄人多取得了一点小小的成绩的话，那主要的原因不是我学得比别人更多，而是遗忘得比别人更少。精读就是仔细地咀嚼，反复地推敲，再三地玩味。所以我特别强调大家要选择几本好书，好好地精读，要常读常新，在你的心里打下一个好的底子。我们很多人也经常看书、听报告、学习，但是长进不大，原因在哪里？原因就是没有打好基础。如果没有建立一个可以攻守自如的平台，没有编织好一个很好的认知框架，那么任何学习的东西进去了，最后都可能石沉大海。一个人要建立起一个很好的平台、一个很好的框架，什么东西来了，都有捕捉的能力，都有解读、消化的能力，这都有赖于深度阅读。

坚持积累

坚持积累就是要不断地丰富自己的文化底蕴，使内心变得丰富和深刻。"罗马不是一天建成的"，一个人一定要养成勤于积累的习惯，把自己所看到的、读到的、想到的，用笔及时地记录下来。我从2014年3月14日开始写微信评论，每条评论大概是250~300字。到2016年，两年的时间，我写了2000多条微信评论，差不多每天都会写。其实我这么做，正是为了积累。一个好的素材，通过记录，坚持积累，就能够丰厚我们的文化底蕴。据我有限的观察，制约中小学教师成长的最重要的瓶颈是文化底蕴不够。所谓文化底蕴够不够，简单地说就是学识积累是不是足够丰富，懂的是不是足够多，对相关的问题理解得是不是足够透。这对于我们教师幸福人生的成就和专业成长都有着至关重要的意义。比如我们如何理解教学？什么样的课才是一节好课？由于教学具体目标的不同、教学内容性质的不同，一节课完全可以有不同的评价指标体系。我认为一节好课有三个一级的指标体系，那就是真诚、深刻、丰富。

所谓真诚，有两层含义。第一层含义是你真心实意地为学生们好。你在努力成为学生生命中的贵人，你是可以做到情真意切、语重心长、苦口婆心、循循善诱、用心良苦的，你没有那种道貌岸然、煞有介事、故作姿态、虚张声势、矫揉造作、言不由衷。第二层含义就是你对于给学生讲的内容是可以做到了如指掌、烂熟于心、娓娓道来、如数家珍、信手拈来皆成妙谛的；你没有那种为赋新词强说愁的空洞与无奈，你所说的绝大多数话都是仔细咀嚼、反复推敲、再三玩味过的；你不是鹦鹉学舌、照本宣科、不懂装懂、一知半解、没话找话。常言道，水管里流出的是水，血管里流出来的才是血。对于教学的内容，教师吃进去的是草，只有通过真正的消化吸收，挤出来的才能是奶，也才能够滋养学生的心灵，滋养学生的生命。所以，真诚的第二层含义就是真才实学、真知灼见。我想只有真诚的教育，才能带给学生心花怒放的感觉,我们的教学才会有余音绕梁的效果。

所谓深刻,就是能够带给学生别有洞天、匠心独运之感,能够唤起学生的好奇心和想象力;能够带给学生茅塞顿开、豁然开朗、悠然心会、深得吾心、怦然心动、妙不可言、百感交集、浮想联翩之感;能够带给学生那种当头棒喝、醍醐灌顶、如梦初醒、恍然大悟的体验;能够带给学生认知的冲突、理智的挑战、内心的震撼与思维的警觉。只有深刻的教学才富有直抵人心的力量,也才能够带给学生深刻的理解与记忆。回想一下我们所受过的教育,我们上了那么多课,究竟有多少课带给了我们深刻的理解与记忆呢?这反映出我们教学的深刻性是有待提升的。

所谓丰富,就意味着有足够的信息量,有足够的智力负荷,意味着教学资源的丰富,意味着教学活动的丰富,意味着教师教学语言的丰富。只有丰富的教学才能够让学生的心灵荡漾起来。正如庄子所讲:"水之积也不厚,则其负大舟也无力……风之积也不厚,则其负大翼也无力。"只有丰富的教学,才能够让学生振翅高飞。那双隐形的翅膀是什么?我想那就是对学习的兴趣,对探索的需要,对成长的渴望,对未来热烈的憧憬与向往。

我们的教学要做到真诚、深刻、丰富,需要教师有丰厚的文化底蕴。教师勤于积累,才能有助于提高自己的文化底蕴、更好地成就幸福人生,以及促进自己的专业成长,使自己成为一个更称职的教师,使自己能够更多地赢得领导的赏识、同事的尊重、学生的爱戴和家长的信任。

细腻思考

我成长的第三点经验是细腻思考。在我的写作中，经常用到大量的排比句，这些排比句就是细腻思考的产物。我有一篇文章专门区别了这三个概念：想、思考、研究。"想"是我们人的头脑的本能，我们提出很多的问题，大家都可以想一想，并且发表自己的意见。"思考"当然也是想，但思考是有思考框架的，是有思考策略的、系统性的、有依据的、批判性的、反思性的和彻底的"想"。思考要具备这样几个特征：是有思考框架、思考策略的，是比较系统的而不是零散的，是有依据的而不是想当然的；是批判性的而不是轻信的、盲从的，是反思性的、彻底的而不是浅尝辄止的。这样的"想"才是思考。再看看"研究"。研究的核心是思考，但研究远远不仅仅是思考，而是一项更复杂的活动。除了核心的思考，还需要根据问题以及对问题的假设，设计一个研究的过程，这个过程可能包括大量实证的研究，数据统计、分析，文献整理，等等。我特别希望大家能过思考的关，如果思考都没有过关，那你的研究一定是很粗糙的，是形式上的。而且我也提倡教师要成为一个研究者。我认为教师有这样四个层次：第一个层次，教师应该是个读书人。第二个层次，教师应该成为一个专业人员，是能够以专业知识服务于社会的人。第三个层次，就是教师要成为一个知识分子。并不是所有的专业人员都可以称为知识分子。知识分子有两个特征。第一个就是有专业知识服务于社会；第二个就是能对超越个人和个人所归属的小团体的私利的公共事务给予关注。这样的人才可以称为知识分子，这是第三个层次。第四个层次，作为知识分子还不够，还应该作为一个有研究能力的知识分子。为什么我特别强调要有研究能力呢？因为我们唯有通过研究所获得的见识才是比较有含金量的，才是经得起推敲和检验的。"纸上得来终觉浅，绝知此事要躬行"，对于我们教师来说，这个躬行，就是要亲自去做研究。

精准表达

我发现读了书却没有把书读透、读好的人，特别爱拼凑、堆砌，他们大多属于俗话说的"满瓶水不荡，半瓶水晃荡"的那种。他们不知道，表达最重要的是精准。辞藻的堆砌、拼凑，貌似热闹，其实可能里面逻辑混乱、思维粗糙。语言表达要做到"信、达、雅"。信，即准确、可信、精准，这是表达最重要的一个品质。达，即流畅、舒展。雅，即典雅、雅致，有才情，能够富于个性地表达。为什么特别强调表达精准，强调表达的信、达、雅呢？有以下两个理由：

第一个理由就是关注我们的语言表达，实质上是更好地关注我们的内心。我们所说的内心世界、精神世界究竟在哪里呢？在我们的语言之中，是语言构造了我们的内心、我们的精神世界。你想不清楚，你就说不明白，你不能够说出你不知道的事情，因为语言的边界就是你精神世界的边界。语言的丰富其实是你内心的丰富，表达的贫乏与空洞其实是你内心的贫乏与空洞。我们所写的每一行字，它一定不是无意义的字符，我们说出的任何一句话一定不是无意义的、空洞的声音流，它要么承载着思想，要么承载着情怀，要么二者兼而有之。"锤炼语言其实就是锤炼思想"，我们可以通过锤炼语言来锤炼我们的内心，使我们的内心变得丰富、细腻，变得井井有条。兰德公司曾经做过一个调查，发现生活在普通工人家庭的孩子，一年接收的词汇量是300万个；生活在中产阶层家庭的孩子一年接收的词汇量是600万个；而生活在上层阶层家庭的孩子一年接收的词汇量是1100万~1200万个。大量的研究也一再地证明：影响学生成长的第一个因素是家庭文化背景。所以，我们读更丰富的书，获取更丰富的词汇，最大的受益者首先是我们自己，其次是我们的孩子，然后才是我们的学生，最后才是我们的学校。发展自己，是我们的使命与责任。为什么？因为我们每一个人的发展都是其他人发展的条件。

第二个理由是，我们教师的语言是什么也代替不了的影响学生精神成长的最重要的媒介。教学的艺术，首先是语言的艺术，教师的语言在很大的程度上，决定着学生在课堂上脑力劳动的效率。我们不难理解，如果教师上课总是婆婆妈妈、拖泥带水、颠三倒四、云山雾罩，学生就会听得很累，就会逐渐丧失对教师所教学科的兴趣，以致丧失学习的的兴趣。相反，如果我们教师的语言能做到要言不烦、有条不紊、从容不迫、张弛有度、言之有物、言之有理、言之有文、言之有情、一语中的，那我们的学生就会感觉听课是一种享受，他们就会自觉地模仿教师的语言，进而模仿教师的思维。从比较理想的角度说，我们教师的语言应该像歌词一样。我对歌词是有过研究的，包括对方文山、罗大佑这些音乐人所作的歌词。教师不妨仔细研究一下歌词，会发现很多的歌词都具备"信、达、雅"这些特征，比如，"人字的结构就是相互支撑"；"美丽的目光不属于流泪的双眼"；"春季已准时地到来，你的心窗打没打开，对着蓝天许个心愿，阳光就会走进来"；"我能想到最浪漫的事，就是和你一起慢慢变老"；"有多少爱可以重来，有多少人值得等待"；"没有人能挽回时间的狂流，没有人能了解聚散之间的定义；没有人能挽回时间的狂流，没有人能誓言相许永不分离"；"我们对着太阳说，向往不会改变；我们对着长江说，追求不会改变；我们对着大地说，贫穷总会改变；我们对着黄河说，生活总会改变"；"遥远的路程昨日的梦，以及远去的笑声，再次的见面，我们又历经了多少的路程"。我们每个人都有一个内部的语言系统，如果我们大量地积累这样的语言，我们内部的语言系统就会得到改造，语言的奇迹就会转化为生命的奇迹。语言的奇迹何以能够转化为生命的奇迹呢？因为语言的背后是思想、情怀，当我们拥有了美好的思想和美好的情怀，我们的生命当然也就变得美好了，所以我特别强调教师要养成精准表达的习惯。

勤于写作

我几乎每天都写微信评论，对世界上发生的大事情我几乎都会评论。其实我们教师就是要这样，一个真正的教师应该是一个非常丰满的人。你要表达你的世界观、你对世界的理解，你对一些资料、事件的立场和态度，这样就是教育。其实我的微信评论就是微写作，这也是一种写作的习惯。我认为写作对于我们专业成长和幸福人生的价值有以下八点：第一，写作有助于提升我们的阅读品质。阅读是心灵成长最为重要的途径，如果你有写作的习惯，你就不会有太多走马观花的阅读。你就会用心精读研读，就会用心咀嚼、仿写，有圈点，有批注，有意识地背诵，等等，你的阅读品质就会比较高。第二，写作能够丰厚我们的文化底蕴，帮助我们积累学养。写作是很好的积累方式，可以帮助我们更好地进行学识积累。写作中引用过的资料，我们会理解和记忆得更加深刻。第三，写作可以帮助我们梳理头脑，使之变得井井有条，具有捕捉和解读信息的能力。比如说一个问题、一个主题，你写过文章，你对这个主题的理解，那种因果关系、那种逻辑关系就会梳理得特别清楚，你说起话来就可以从容不迫、从容自信。第四，写作能提升我们的口语表达能力。大家知道书面语言的特点是相对完整、规范、精当和舒展，如果我们的口语表达具备书面语言的这些特点，那就会特别有品质。我坚定地认为一个受过良好教育的人最重要的特点就是他的语言表达精准、舒展、流畅，而且逻辑严密。"言行"二字，言是排在第一位的。立德、立功、立言，立言可以是我们追求不朽的方式，就是因为它能够提升我们语言表达的水平。第五，写作能够提升我们对作品的鉴赏力。你看，手工制品，如果你会做的话，你对它的鉴赏能力也会很高。文章也是这样，如果你会写的话，你对文章的鉴赏力也会更加高。所以我特别提倡我们的教师进行写作教学，最理想的是要"下水"写文章，要写范文给学生模仿。其实我们教师就是要给学生好的示范，什么是好的示范？就是你是怎么来写作的，你是如何布局谋篇的，你是怎么选材、剪裁、起承转合、遣词造句的。如果你写的文章是值得模仿的，学生都可以模仿得来，你的这个示范就到位了。写作能够提升我们对作品的鉴赏力，鉴赏力是一种很高的智慧能力。第六，写作可以帮助我们形成开放、敏感、阳光、积极进取的人生态度。为什么呢？因为写作是这样一件事情：你经历了某一件事，你对这件事情有所感悟、感怀，你对这些感悟、感怀进行提升，从而有了文章的立意和灵魂，通过对素材的铺陈、布局谋篇，把它组织成一篇文章。所以写作是由事到感、由感到意、由意到文的脑力劳动和精神生活过程。那就是说写作是由"事情"所推动的，即你观察到的、了解到的、经历的某件事情。不管这些事情对你而言意味着什么，是光荣还是耻辱，是欢乐还是痛苦，是成功还是失败，你都可以品味生活，你都可以从这件事情中有所发现，你的生活"不是得到，就是学到"。这些事情都是对你有意义的，它们可以给你许多写作的动力和素材，这样一来，你就可以真正做到像席慕蓉所讲的："生命原是要，不断地受伤和不断地复原。世界仍然是一个，在温柔地等待着我成熟的果园。天这样蓝，树这样绿，生活原来可以这样的安宁和美丽。"写作可以帮助我们形成开放、敏感、阳光、积极进取、乐观开朗的人生态度。一个乐于写作的人，能够更敏感地去面对世界。第七，写作能够增长我们教师的教育智慧，培植我们的教育情怀。我们能够把我们在教学中所经历的一些事情，如学困生的转变、教学中无法预见的精彩、教学中出现的遗憾都当作我们的写作素材。当我们工作中的一切都成为我们创作的动力和源泉的时候，我们会对教育有更多的理解，也会对工作有更多的热爱。第八，写作能带给我们成就感。不用说你出了一本著作，也不用说你发表了一篇文章，哪怕没有发表而只是自己精心打磨过的一段文字，你都会有成就感，大家一定有过这样的体验。我们的古人对待写作有一种特别虔敬的态度，"吟安一个字，捻断数茎须""为求一字稳，耐得半宵寒""两句三年得，一吟双泪流"，这就是那些大诗人对待写作的郑重的充满敬畏的态度。那写作为什么值得这样被对待呢？为什么我们的古人把它称为"经国之大业，不朽之盛事"呢？因为它会带给我们成就感。我希望每个人是一个幸

第一章

教育学：成己达人之学

福的人，是一个有成就感的人。成就感是幸福感非常重要的一个元素，如果缺乏成就感，幸福感就会显得比较苍白、单薄、平淡。

掘井及泉

在我眼里，有两种人生。一种是掘井及泉的人生，就是在一个地方不断挖井，直至一泓清泉流出。我们教师要反省一下，我们对什么事情真正做到了了解和熟悉，对什么样的事情真正下过功夫，有过长期而专门的钻研。另一种是挖坑的人生，就是做什么都三心二意，浅尝辄止，缺乏持续的努力和扎实的积累。当他挖不下去的时候，就换个地方再挖两下，结果，他的人生就是挖了几个坑，坑里也可能有点水，但它不纯净，甚至又脏又臭，成为蚊蝇滋生之地。这既坑了自己也坑了别人，是失败的人生、糟糕的人生。我们应该在一个地方，持续不断地、坚持不懈地付出努力，把一件事情做到极致。所以我提醒大家一点，要找准自己的兴趣点，做出执着的艰苦的努力，真正在一些事情上下足功夫。

《中庸》里面讲的三句话，我觉得特别的经典。

第一句，尊德性而道问学。就是对德行的推崇、对崇高人格的推崇是要通过学识的积累来实现的。这里讲的是人格修养与学识的关系。一个人要追求比较高的人格境界，路径究竟在哪里呢？路径就在于学识。一个人学识修养的提高，有助于道德修养的提高、人格境界的提高、生命境界的提高。这个结论在今天看来是可靠的和可信的。现代心理学家科尔伯格的"道德认知发展理论"就很好地揭示了这一点，也就是说一个人的道德发展是建立在他的认知发展基础上的。所以孔子强调智、仁、勇，即智慧、仁爱、勇敢是三种重要的道德。为什么他把智慧视为重要的道德？是因为智慧会影响我们的道德判断。如果你缺乏智慧，轻则好心办坏事，重则颠倒黑白、是非不分，成为助纣为虐、为虎作伥的人。

第二句，致广大而尽精微。要达到天人合一的境界，途径在哪里呢？就是要穷尽精微。为什么穷尽精微就能够达到广大的境界？那是因为万事万物都存在着同构的关系，就是所谓的一滴水能折射出太阳的光，一滴水里蕴藏着大海；就是"从一朵花中见世界，从一粒沙中见天堂，把无限放在你手上，永恒在那一刹那里收藏"。为什么要掘井及泉？为什么要学有专长？道理就在这里。只有掘井及泉、学有专长，你才会真正地感到"千江有水千江月，万里无云万里天"；你才能够达到一通百通，才能真正达到"月印万川""万宗归一"的境界。

第三句，极高明而道中庸。"繁华落尽，返璞归真"这句话讲的是伟大与平凡的关系。伟大总是要通过平凡来体现的，这就是为什么特别有修养的人，往往显得低调和朴素。《论语》中讲："君子有三变：望之俨然，即之也温，听其言也厉。"意思是君子有三变：远看他的样子非常庄严，接近他又温和可亲，听他说的话严厉不苟。在生活中，伟人也是常人，圣人也是凡人。

怎样经营好自己的人生，是每个人都必然要面对的问题。"深度阅读、坚持积累、细腻思考、精准表达、勤于写作、掘井及泉"是我作为一个读书人、教育人的经验体会。

第一章

教育学：成己达人之学

理解人是教育重要的思想基础

1

理解人是教育重要的思想基础,而要认识清楚作为个体的人,需要理解生命、理解人的生命特征、理解人的年龄特征,最后才是现实的、具体的个人——他的处境、他的天赋、他的个性、他的需要与梦想……人的生命特征是所有人的共同特征,许多思想家从不同的角度对这一主题发表过意见。几乎所有关于人的论述,都直接或间接地关涉这一主题。比如说,人是社会的动物,人是理性的动物,人是文化的创造者与文化的载体,等等。

2

在社会中,很多人是缺乏"正直"这一美德的,这是因为他们发展的程度还不高,生命境界还停留在"功利境界"的层面(我将人的生命境界分为"功利境界""趣味境界""意义境界"三个层面)。许多人见风使舵、忍气吞声、逆来顺受,甚至见利忘义、欺软怕硬、恩将仇报,背后都有"不正直"的因素。我对一个人的最高评价就是"朴素与正直"。那些油头粉面、装腔作势、狐假虎威、大模大样、不可一世之人,绝不会是什么好人。

3

"儿孙自有儿孙福",这个观念很好。每株小草都有阳光雨露的滋润,每一代人也都有属于自己的天地。古人告诫人们"莫与儿孙作马牛",即不要为了儿孙们的生活而心甘情愿地去牺牲自己。中国人特别需要强化"人们都要对自己负责并努力把自己的人生过好"的观念。没有人的独立意识,就没有自由意志与人权诉求。每个人都是一个独立的个体,无论人们多么珍视人间情谊,也需要尊重任何他人的独立性。这包括不强求、不过度期待与过度关心,凡事注意掌握分寸。

4

从国家、组织、社区、家庭直至个人,我们都应该把"享受生命"当成终极价值与目标,人类一切自觉的努力与追求,都要尽量朝向这一目标。创造、奉献、劳作、修身、学习……通通都不可违背"享受生命"这一原则与目标,即使是艰苦的努力与奋斗,也需要将"以苦为乐、苦中作乐"嵌入其中、贯穿始终。

5

对于野蛮人与文明人的区别,我个人有切肤之感。野蛮人封闭、狭隘、固执、自私,对陌生人充满防范与敌意,而文明人开放,富有公共精神,对外部世界充满好奇并乐于探索,不强人所难却又愿意成人之美。野蛮人生活于狭隘、封闭的环境之中,他们对陌生的一切充满狐疑。野蛮人是人的不发达状态，人的落后是根本的落后。

6

有人将没有自己的独立意志、一切听命于他人的人戏称为"提线木偶"，这比喻既生动形象，又十分贴切。人之所以为人，非常关键的一点就是有自己的自由意志与独立人格，否则就是"木偶"，就是"傀儡"，就是"稻草人"，就是"行尸走肉"。任何一种文化，如果它是妨碍和压制人们成为自由与独立的人的，那就是反文明、反人道的文化，就是该彻底摒弃与根绝的文化。这种反人道、反文明的文化中的教育注定不会是"亲近真理、启迪智慧、润泽生命"的教育，相反，它极有可能是"传播谎言、蒙蔽心智、摧残生命"的刽子手或帮凶。

7

成为一个尽可能完整的人，而不是片面的、单向度的人，是人的发展层次比较高的表现。如果一个人能够穿梭于市井与庙堂之间，特立独行与随和通达之间，豪放与儒雅之间……表现出人性的丰富性与人格的完整性，更普遍地体现在生活中待人处世有水准、有原则。

人们社会关系中的同乡、同宗、同学、同事……都可以建立亲密关系——最可能的朋友关系，但最重要的基础还是"三观"一致、志同道合，尤其是处世方式比较一致。能够赢得朋友的人大多开朗、坦诚、乐于分享与付出、情性通达、低调和善，就是通常所说的"情商"比较高的人。但性格古怪、执拗、不好相处的人也完全可以有情谊很深的朋友，只是在数量上可能不太多。没有朋友的人生没有意思。

第一章

教育学：成己达人之学

教育应让学生学会幸福生活

1

在教育实践中,我们让学生学会了很多,却没有让他们学会如何幸福地生活。让我们的孩子成长得更好,是值得我们全力以赴的事业。我们要为孩子留下一个怎样的世界,归根结底取决于我们为这个世界培养出怎样的孩子——健康、快乐、阳光、有创意、有爱心、有责任感的孩子,应该是我们努力培养的方向。

2

作为"爱的重要元素",给予既是一种能力,更是一种品性。没有人会因为贫穷而不能给予。相反,正因为吝啬给予而难以改变贫穷的窘境。缺乏给予的"爱"是单薄的、苍白的,甚至可能是虚假的。人们并非因为富有才乐于给予,而是因为乐于给予而变得富有。在神秘的生命世界中,人们看得见的是生活,看不见的却是命运,而性格决定命运,这是生活的铁律。但人的性格既有被决定的一面,也有自我求取的空间。一个人的发展程度越高,其超越性就越显著。

3

我十分看重作为学者应该具有的坚持真理、服膺真理、修正错误的品格,尤其是不要曲意逢迎、曲学阿世。学者如果堕落,社会就不会有希望。这些年来,我一直在提醒我自己及我的同事应该坚守学者的节操,不可趋炎附势,不可随波逐流,不可媚俗。身为学者,每个人的风格不同,偏好不同,才情不同,追求不同,但"学术品格第一"应该是没有争议的。所谓"学术品格",就是实事求是,有一说一,不会"拉大旗作虎皮"。真正的学者,要关注到所有事实,而不是立场先行地、选择性地剪裁事实。学者的职责就在于直面问题、披露真相、揭示规律,为社会各界提供有依据的、可参考的意见。大学教育不同于中小学教育的重要一点是,大学教育要具有探索性、研究性和学术性,因此大学教师需要具有学者意识和学术品格。

4

理解人,理解人性,是一个艰巨却重要的思想课题,这对于以育人为职业志向的人来说,尤其如此。人心很复杂,人性也很复杂,但趋利避害、适应与改变等,几乎是所有人的本能。学识修养固然是必要的,但更需要广泛、深入和有意义的人际交往。人们无法单纯通过书本去了解人。"人同此心,心同此理"相对来说比"人心不同,各如其面"更为基本。因此,我们可以通过将心比心、推己及人去理解人性。不要侵害别人的利益,比较公正、厚道地对待别人,自己的路才能越走越宽广,也才能心安理得。

5

即使是对杰出人物的赞美,也应有所保留。即使是伟大人物,仍旧有凡夫俗子的一面,终究难以完全摆脱人的局限。一个人如果能够认识到自身的局限性,并努力做一点自我超越,且保持一点敬畏与谦卑,他就已经非常了不起了。

6

有人说:身体和灵魂总要有一个在路上。身体在路上,不难理解,那就是游历,用脚丈量世界,去那些不曾去过的地方,见识不同的人和景——不一样的生活方式和不一样的山川物貌。而所谓"灵魂在路上",意味着内心的修养与成长。而我的体会是:游历,远远不仅仅是"身体在路上",而是整个人在路上——通过所有的感官把世界装进你的心中,发现世界的奇妙与美好的同时,发现自己。"身体和灵魂总要有一个在路上"之说,也可视为古人"读万卷书,行万里路"的现代表达。而就这二者的关系的论述,再也没有比张潮的"文章是案头之山水,山水是地上之文章"之说更为精妙的了。

教育研究要"顶天立地"

我一贯主张教育研究要"顶天立地"。

所谓"顶天",就是教育研究要立足于人类文明的进步,自觉守护人类的共同价值,以全球视野筹划中国教育:从目标到内容,从途径到方法,都应该与世界文明相一致,以便造就具有中国气质的世界公民。在所有的研究中,都自觉地朝向这个最崇高的目标而努力。一言以蔽之,"顶天"就是要明确教育研究的方向,清醒地意识到从最终的、最根本的意义上,我们在为建设一个自由、民主、开放、多元的社会培养幸福人生的创造者而进行着教育研究。

所谓"立地",就是研究者要具有本土情怀,从研究主题到研究过程再到研究成果是"接地气"的,研究的是教育世界中的真实问题,研究的成果是能够真正走入千千万万教育实践者的生活和心灵,能够影响他们的观念、行为,甚至个性的。在中国,"立地"的教育研究还应该包括这样一层含义:研究者需要脚踏实地、平易近人地去做思想启蒙的工作。人类文明发展进程中所产生的社会理想和核心价值,需要心怀良善的传道者,用热切动人的声音,传送到普通人的耳边和心中。

我提出"教育研究要'顶天立地'",是因为这个主张实际上涉及"教育研究者的价值关切"。我们能否成为合格的研究者,首先在于我们的研究背后究竟有一套怎样的价值系统。换言之,究竟是一套怎样的价值系统在支撑着我们的研究。人文社会领域的研究不可能是"价值无涉"或"价值中立"的。在我看来，缺乏对人生与社会丰富的、深刻的、系统的认识的教育研究，难免狭隘与肤浅。正如一个没有自由意志的人是乏味的一样，没有自由意志的教育研究也必定是轻薄和琐屑的。

对于一个教育研究者来说，什么是有意义的生活，什么是有价值的人生，这是他观察和理解事物的价值基点。正是在这样的价值基点上，我们建构出自己的价值体系。只是每个人在对自己所坚持的价值基点上的自觉程度会有差别。没有正当的价值关切的教育研究，最好的也只不过是有趣味的智力游戏。

人道主义的人类良知与现实的利害考量之间，我们心灵的天平会倾向哪边？据我有限的观察发现，许多人纠结着倾向了后者，有些人连犹豫都没有就选择了后者。教育研究，既不应该是凌空蹈虚的文字游戏，也不应该是隔靴搔痒或讳疾忌医的"王顾左右而言他"，更不应该是助纣为虐的摇旗呐喊。记得 2008 年诺贝尔文学奖得主克莱齐奥在谈到给青年作家的建议时，说："不要为一个小小的荣誉做出让步。不要因为别人给你一点甜头或者一个光环，你就去接受他的领导或和他握手。"如果我们准备面对历史，而不只是苟活在当下，我们就需要挺起脊梁，以顶天立地的姿态去生活和从事研究。

关注什么，思考什么，研究什么，表达什么，没有人可以为你设限，除非你杯弓蛇影，自我设限，自我囚禁。也许，你的一些思想成果、研究结论不能发表，但这一定只是现在，绝不意味着永远不能发表。况且，朋友间的分享，师生间的交流不也是一种形式的发表吗？

我们的时代，我们的国度，需要莫言这样的作家，需要袁隆平这样的科学家；我们的时代，我们的国度，也需要许许多多的思想家和教育家。中国的进步既需要改革的推动者、领导者，也需要思想的启蒙者、时弊的针砭者；中国社会的进步需要有维护稳定的社会舆论，也需要有为建设一个更自由、更民主、更有尊严的社会的自觉的、系统的、严肃的、探索的不懈努力。这无疑包括探索者对于什么是良好教育而从理论上和实践上所做出的种种努力。我相信这种努力一定会汇集到促使人类文明进步的洪流之中。

教育研究要"顶天立地"，我的这一教育研究主张，也是与我致力于的生命教育的精神一脉相承的。生命教育就是要引导人们回归内心，通过理性地、诚实地、细腻地审查自己的内心发觉人性，亲近真理，实现自我。人的生命最高贵的存在就是顶天立地。这个"天"，在宗教里就是"神"，在哲学里就是绝对，在日常生活里就是神圣。而"地"就是指我们真实的生存境况和日常生活。

我曾系统地论述过作为现代教育的两大支柱——生命教育与公民教育。敬畏生命与捍卫人权，这也正是教育研究者所应该坚守的核心价值，因为这关涉我们的教育究竟应该为社会培养怎样的人。在更多的教育者心中夯实和巩固这两大支柱，我们作为教育研究者责无旁贷、任重道远。

第一章
教育学：成己达人之学

校长的思想高度决定着学校的高度

1

一个校长的思想高度决定着一所学校的高度。我经常看到一些大学校长非常棒的思想表达，令人折服与敬佩。所谓"思想的高度"，一定包括全球视野与人类意识，包括对人性的深刻洞察，包括对于社会核心价值观的自觉守护……关注学生的学业成就，鼓励并引导学生取得优异的学业成就，是衡量优质教育的关键因素。具有思想高度的校长对"学生取得优异的学业成就又究竟为了什么"这一问题的答案一定了然于胸：不是让他们成为更有效率的工具，而是要让他们成为幸福人生和文明社会的创造者。

2

有人讲"好校长应该是思想家、战略家、教育家、艺术家……"当然，将这作为努力的方向未尝不可，但作为要求或标准就太高了，恐怕这个世界上也没有几个这样的人。一说到追求、目标、卓越、境界等这些东西时，似乎是越高越好，这就是犯了浅薄的毛病。"求真务实"真的是非常宝贵的品格，它意味着全面地考量与自觉地防范内心的"无知与轻慢"的膨胀。

3

妇孺皆知"吃得苦中苦,方为人上人"。如果把"人上人"理解为"卓越的人、优秀的人、杰出的人",这句俗语还是很有意义的。任何人的成长都需要努力,尤其需要坚持不懈、持之以恒"咬定青山不放松"的毅力。我们可以把成功定义为"成长的质变"。成功有大小,但几乎没有不需要付出努力的成功。吃苦则意味着自觉地走出舒适区,与懒惰、懈怠、安于享乐做斗争,在艰难困苦中砥砺前行。年轻时吃点苦是有价值、有意义和有好处的。年轻时没流的汗,老了都会变成眼泪流出来。俗话说"行百里者半九十",人生也一样:老年好,才算真的好——谁笑到最后,谁才笑得最好。

4

一个人如果没有好的品格,所谓的"辉煌""得势""红火",都不过是暂时的、侥幸的事,而败落、窘迫却是必然的、迟早的事,几乎很少有例外。所谓好的"品格"包括审慎、正直、克制、善良、诚信、坚毅等。其实,一个国家、一个民族也一样。国家的品格是由全体公民塑造的,主要受到社会中被广泛接受与自觉践行的核心价值观的影响。优秀的民族,无一例外都属于"智慧与品格"都很卓越的民族。

5

上课时，我问了学生一个问题："你们在过往的人生中见到的比较有智慧的人是什么样的？"有学生说，在一些视频里听到有的专家的睿智讲解，给人启迪；也有学生说，他的高中历史老师会给他们讲一些教材之外的内容……我仔细琢磨：这倒是一个很好的问题，它可以将"有智慧"的特征内化为人们的自觉追求，并外化于行。古人并没有明确地提出这一问题，但他们直接或间接地回答过这一问题，比如，老子讲的"大智若愚"，孔子讲的"温故知新"……我现在所能想到的就是：第一，可以进行系统的复杂思维，能够看到复杂事物中别人看不到的一些方面；第二，言行富有条理性、计划性，可以随性而不盲目；第三，有良好的判断力与预测能力，这与第一点密切相关，而我在此特别强调的是直觉判断力。

6

"如果你要造船，不要招揽人来搬木材，不要指派任务和工作，而要教他们渴望那无边无际、广袤的大海。"这话说得很有意味：人们积极、主动、创造性地劳作，需要理想的照耀、愿景的感召和热爱的驱动，而这些又取决于人们对工作的意义与乐趣的理解和体认。自由是生成乐趣的一个要件：没有自由的工作就是劳役，而劳役极易使人产生倦怠感。在各行各业，不断维护与扩大人们的专业自主权，除了要不断提高从业人员的专业素养以外，还要更多地信任人、尊重人的专业精神。

7

在我们的社会中，只会简单地"想一想"而不会进行复杂思考的人恐怕要占大多数。复杂的、卓越的思考，是需要经过专门训练的。我特别写过题为《想·思考·研究》的文章，意在提醒人们不要停留在"想"的层次，而要上升到"有思考策略与思考框架"的"有条理、有依据、有批判性、有反思性"的思维层次。好的教学，至少从小学中段开始，就要向学生展示"思考的过程"，即一个结论之所以成立的条件和推导过程。我经常发现，一些中小学教师，对于所展示的某一结论的推导连复述都抓不住关键信息。这很可能意味着他们还没有发展出"点对点"之间逻辑联结的意识和能力。

第一章

教育学：成己达人之学

好校长的特征

在文明社会,校长是一个非常令人尊崇的职位。人们面对校长大多会肃然起敬,因为从理论上讲,他是学校的领导者,是教师中的教师。他要对全体师生的福祉承担责任。好校长的标准至少包括如下四点:

第一,有教育的理想与情怀;

第二,有乐观的精神和百折不挠的坚毅;

第三,果敢、勇于担当且又作风民主,有亲和力;

第四,有对课程与教学以及创造学校文化的领导力,包括对教师专业发展的引领与培训的能力。

所谓领导力,即能够给予别人鼓舞、激励、启迪、指引、感召等积极影响的能力。也可以说,领导力是一种比较高级的力量。

校长不仅是领导者、管理者,还是教育者和社会精英。而这四者之间有高度的一致性。要扮演好这些角色,就需要不断提高校长的人格修养和专业素养。因为一个校长最重的领导力主要取决于他的人格修养和专业素养。

我不知道我算不算"阅人无数"之人,但我的交往经验一再证明中小学校长这个群体是比较优秀的。我的解释是:教师本身的素养就不错,而校长是从教师队伍中走出来的佼佼者。

我试图概括出"好校长"的共同特征,其基础是我接触到的成百上千的世界各地的校长以及其他专家学者对此的相关研究。

"好校长"至少会具有以下特征：

一是既坚定、坚毅、坚强，又温和、谦和、和善。坚定地贯彻执行既定方针，坚毅不屈地为办学目标与愿景努力奋斗，在遭遇挫折、困难和挑战时，表现得非常坚强。

温和，意味着有很好的情绪控制力，不会口不择言，也不迁怒于人；谦和，意味着有海纳百川、虚怀若谷、从善如流的胸怀；和善，意味着正直而善良，乐于为下属的福祉承担责任。"三坚"让校长成为可以信赖的"主心骨"，而"三和"则进而使校长成为具有亲和力的精神领袖。

二是做事情的预见性、计划性和条理性特别强，既能未雨绸缪，又有很强的执行力。这不仅需要缜密的思虑，也需要狠抓落实与及时跟进。

学校工作千头万绪，怎样考虑轻重缓急，有条不紊而非手忙脚乱，抓住主要矛盾而非眉毛胡子一把抓，平衡好各种关系而非顾此失彼……这都特别需要从容不迫、运筹帷幄、指挥若定的能力。

三是真正懂教育，争做教学的行家里手。"教育"看似简单，其实是人类事务中最为复杂与深奥的实践领域，没有深厚的文化底蕴，很难对"教育"有比较通透、到位的理解，进而难以获得教育行为上的精准与有效。真正理解"有效教学"与"深度学习"，懂得教学取得良好效果的奥秘，才能给教师以正确的反馈与指引。

四是"求真务实"。这意味着校长既能自觉地摒弃繁文缛节、虚假的客套，也能刈除空洞的、陈义过高的口号。他不会要求他人奉献，而是用公正、正派的机制激励人、鼓舞人。

说到底，好校长一定是一个专业素养较高的人，一个可敬与可爱的人,而不是汲汲于名利、爱慕虚荣、贪图享乐的人;他乐意展示个人魅力,并从服务他人的过程中获得成就感与意义感,是能享受工作乐趣的人。

让我们对未来的呼唤朗声作答

校长是一所学校的核心人物,甚至是精神领袖。校长在学校中最重要的角色包括领导者、管理者、教育者和形象代言人。这四个角色是相互关联的,而非割裂的。在学校,不存在"一个好的领导者却不是一个合格的教育者,或不称职的形象代言人"这种情况。

滴水藏海。校长的优秀程度,决定着学校的发展高度。蔡元培成就了声名卓著的北京大学,张伯苓创立了南开中学,苏霍姆林斯基创办了世界著名的帕夫雷什中学……这些事例无不彰显着一位好校长的魅力和作用。校长的思想与见识从演讲中可以折射出来。

演讲,承载着的是你的思想与情怀,传达出你灵魂的成色与高度。校长的公开演讲,首先,要有思想的高度,立意要高,落点要实。因此,演讲时不要总是絮絮叨叨,而要有鼓舞、激励、引领或感召的价值,要能传递信心与力量,展示出理想的光芒与远方的灿烂。其次,要情真意切,语重心长,而非高高在上的说教或言不由衷的不知所云。这就需要演讲者有健康且强大的信念系统,并在日常生活与工作中自觉地践行这些信念。这就需要对教育的使命与责任有深切的理解。唯有如此,才不会无病呻吟,故作姿态。再次,要郑重其事,要有构思,要讲究布局谋篇,起承转合,前后呼应,详略得当,浑然一体。校长可以把演讲稿的打磨当成自觉的创作：从立意到选材，从篇章结构到遣词造句，都可以讲点技艺，讲点趣味。最后，注意表达的简洁，以及流畅、舒展的节奏。根据立意、场景、对象等因素，综合考量，不宜拖沓，更不要言辞堆砌、横生枝节。表达干净利落、要言不烦，往往更有力量。

校长面向师生的演讲是一种运用语言掌握公共表达技巧的很好示范。因为演讲是将一个人的学识与才情熔于一炉，创造美、展示美的最好形式。我很羡慕校长拥有这样一个既能展示自我又能服务他人的机会与平台。不过，我有一个"小确幸"：我有机会去"影响有影响力的人"。我确信一些校长受到了我，尤其是我倡导的生命教育的积极影响。

前路漫漫，那就让我们一道，"以恳切之心，以谦卑之态"，一如既往地做着"立己达人，铸造民魂"的工作；让我们挺直腰杆，对未来的呼唤朗声作答；让我们的言论有如空谷足音，传得更远，余音绕梁……

第二章

生命教育：朝向幸福的努力

生命教育崇尚鼓舞人、欣赏人、激励人、引领人的力量，这种力量源自教育者蓬勃的生命力，那器宇轩昂、笑容灿烂、满面春风、从容淡定而又信心满怀的样子。

我与生命教育的结缘

对于"生命教育"的理解见仁见智,但最为简洁也最易达成共识的就是这15个字:为了生命、通过生命、关于生命的教育。涉及目标:为什么而教?为生命成长与美好而教。涉及过程:它真切地关照师生,尤其是学生的处境、感受与需要,真切地观照学生已有的知识、经验,以及认知发展水平。涉及内容:在教育内容的设置上,为学生提供与发掘创造幸福人生所必需的知识、技能、情感、态度与价值观。我与生命教育的结缘,并非一时心血来潮,更非为赶时髦,而是有着一定的生活与学识的积累和思想渊源。

1987年7月,我作为北京师范大学教育系教育基本理论的硕士研究生,硕士毕业论文为《教育与文化的整体考察》。"文化"是一个内涵极其丰富的概念,作为与"自然"相对的概念,它包括"物质文化、制度文化、客观精神文化和主观精神文化"四个部分。作为"民族文化",它主要的要素有语言、科学、艺术、道德、宗教、习俗、礼仪等。后来,论文出版成了一本专著。这成为赋予生命教育"造就人格强健的个体"的思想源泉。我崇尚生命的强健、茁壮、挺拔、伟岸、有活力,我讴歌阳光的心态与蓬勃的生机。我认同"生命的每一时刻都应该是兴高采烈、风生水起、志得意满的"这样的生活观念。

如果说我对教育的理解有那么一丝独特与细腻,只因为我对"生命"与"文化"这两个现象与概念有比较丰富与细致的体认。在我看来，缺乏对人的生命特征的认知，缺乏对社会文化结构、功能、系统与要素以及发展变化和它的动力的认知，要对教育有比较深入、系统、丰富与细腻的认识就会是很困难的。原因就在于教育是服务于人的生命成长的文化行为。我执教的两门课程——生命教育、教育文化学，是教育研究者的基础课程。

《北京师范大学学报》1993年第6期发表拙作《人道主义、教育民主化与教育主体性》，其思想主张与生命教育有着内在的关联。教育作为人道主义事业，关注生命、成全生命是其题中应有之义。正如我的博士研究生导师成有信教授为拙著《教育的视界》作序时所说："贯穿他全部思想的是人性、人道与人文，是对人的价值与尊严的自觉守护，是对具有'自由之意志，独立之人格'的人的深切的呼唤。"我的博士学位论文《主体性道德人格教育》系统地论述了造就具有独立、自主生命姿态的完整的人的必要性、途径与方法，这都为我认同和发展"生命教育"的理念奠定了思想基础。

在社会生活中，每一个人既是目的，又是手段。通俗地说，就是"人人为我，我为人人"，是"目的"与"手段"的统一。但在文明社会中，人作为"目的"是第一位的。这也就是时下所说的"以人为本"。这里所说的"人"，都是指现实的、具体的个人。当现实的、具体的个人更能感受到社会的种种设计，及其规则与氛围本质上是"人人为我"时，就会有更多的个人自觉自愿、无怨无悔地"我为人人"。纵观人类文明的发展历程，不难发现："人是目的"是近代以来先进文明很重要的价值基础。

2001年是我国台湾地区的"生命教育年"。这一年我应中原大学等大学的邀请，赴台湾参加了一系列生命教育的主题活动，并向学者同人做了题为《生命教育的价值与目标》的报告。报告中首次提出了"关注生命、尊重生命、珍爱生命、欣赏生命、敬畏生命、成全生命"的六个核心理念。

我走过千山万水,领略过无数的非常之观,见识过许多的奇珍异宝……我越来越确信:人是天地间最美好的存在。无论是饱满圆润的孩童,还是英姿勃发的青少年,无论是踌躇满志的壮年,还是睿智慈祥的老人,都有种令人倾心与神往的美。当然,似乎也可以说,天地间,人是最丑陋的(这可以作为"深刻的真理的反面也是真理"的注脚)。人的狡诈、贪婪、冷漠、凶残、欺骗、虚伪、专制、独裁、暴虐……都很丑陋。人性向着美好的进化尚需时日,而好的制度发挥着最为重要的作用。因为,人是文化的动物,制度是文化中刚性的、最具规训力量的因素。

我越来越倾向于将人生中一些特殊的境遇当作上苍赐予我洞悉人性、事理的机遇。正如鲁迅先生在《呐喊·自序》中所言:"有谁从小康人家而坠入困顿的么,我以为在这途路中,大概可以看见世人的真面目。"这样一来,就少了许多因困厄而带来的焦虑,因鲁莽而带来的懊恼,因决策失误而带来的追悔莫及……这是不是亦可视为生活对于思想者的奖赏?

生命原是要／不断地受伤和不断地复原／世界仍然是一个／在温柔地等待着我成熟的果园。

天这样蓝　树这样绿／生活原来可以／这样的安宁和美丽。

——席慕蓉《禅意·二》

这首诗,我常想起。

我在绝大多数时光里,都会想:生活是多么美好,活着是多么美好。尽管人生充满了遗憾，但仍旧十分美好。要对生活有美好的感受，一是要有感恩之心，二是要知足常乐，三是要有生活目标并为目标的实现付出切实的努力，四是要与他人有深度和富有意义的交往，五是要尽可能地给予而非索取。幸福的人是幸运的，而不幸的人虽不够体面，却值得悲悯。

快乐，英文是 happy；惬意，英文是 cheerful；开心，英文是 delightful。其名词依次为 happiness、cheer、delight。幸福的英文为 well-being。快乐，相对幸福而言，它属于情绪表现，而幸福属于比较深沉的、稳定的内心体验。一个人总是不快乐，肯定不能说他很幸福，但一个不幸福的人，偶尔也会有短暂的快乐。快乐更多地与人的生物本能相关，而幸福有着更多的文化内涵。满月后的婴儿，早晨醒来会很快乐地牙牙学语，那是不是幸福？童年的快乐与晚年的幸福，有没有关联？这是很好的研究课题。我的经验是，对于贫困的记忆，有助于对摆脱贫困后的幸福的咂摸。

我的成长经验，自然而然地使我做出如下的猜测：

没有走过千山万水的人，很难获得一种人生的豪迈。当个体的身躯置于广袤的地理空间时，会获得"一览众山小"的彻悟。

没有亲临若干个理论大厦而一探究竟的人，很难获得清明的智慧。理论是一种心智宏构，它会疏通、整理人们的思绪。

没有受过思想方法训练的人，很难摆脱狭隘与肤浅。如何正确地思考，需要专门的学习与训练。这也是传统教育中非常缺失的。

我的学习与探索以及我的生活经历，使我非常认同"为生命而教""通过生命进行教育"这样一些教育理念，并使我执着地行走在探索、推广与普及生命教育的路上。

第二章
生命教育：朝向幸福的努力

我对"生命教育"的理解

生命教育首先作为标志教育自觉的价值追求：为学生的幸福人生奠基，为教师的美好生活添彩。这在当下是具有无可争辩的价值的。如何通过我们的教育引导人们过有意义的、幸福而有尊严的生活，无论对个人还是对整个社会而言都是极有价值的事情。我们可以肯定所有人都会死去，却不能肯定所有人都真正地生活过，更不能肯定所有人都美好地度过了自己的一生。帮助学生学会过美好生活是教育者最根本的价值追求，这样的教育就是生命教育。如果这一观念能够扎根于广大校长和教师心中，不要说别的，它本身就很有价值。

我们倡导的生命教育，不仅要服务于学生的生命成长，也关照教师美好人生的建设，并且我认为如果能够使更多的教师变得更温暖、更和善、更体恤与尊重学生，减少责难、呵斥、贬损性的断言，乃至刁难与羞辱，那已然是一个很大的贡献了。

生命教育在学校中落实的重要路径之一是生命化课堂的创设。关于生命化课堂特征，我概括为"温暖的、开放的、分享的"三个特征。"开放的"意味着课堂与广阔的外部世界有紧密联系，能够将现实世界中相关的、敏感的、有争议的问题带进课堂，引发师生的精神关注；有预设但更重生成，切实地引导学生建构个人知识；充分捕捉与利用课堂互动中的教育契机与资源，使课堂充满探索的过程,教学过程成为师生思想历险与精神漫游的过程。

生命教育最重要的是让每一个人发自内心地感受到活着的美好、人间的美好、成长的美好。我深信，生命教育有助于开发人的潜能。因为成长的动力来自整个生命的良好状态时，其力量是巨大而持久的。生命教育崇尚鼓舞人、欣赏人、激励人、引领人的力量，这种力量源自教育者蓬勃的生命力，那器宇轩昂、笑容灿烂、满面春风、从容淡定而又信心满怀的样子。我希望所有教师都成为这样的教育者。

学校组织开发生命教育校本教材不仅有助于教师熟悉和较好地掌握生命教育关涉的主题和教学内容，从而使教学更有感染力与吸引力，也可使教师更好地认识生命，经营好自己的人生。其实，人类的一切活动都直接或间接地与生命有关。因此，生命是我们无论如何也回避不了的问题，我们只能面对。

生命教育要着力于向学生传达这样的生命信念：第一，活着，好好地活着，也是一种责任。第二，每个人都是独特的、不可替代的，因而所有人生而平等。第三，人的生命是一种高贵的存在，因而理所当然要被"高贵地"对待。第四，你是重要的，除非你自我定义为卑微的、无足轻重的，否则，没有人可以轻贱你。第五，生命好与不好，我们都要对它负责。好，是你的；不好，也是你的。没有人可以代替你去经历一切。第六，让自我的生命变得美好是值得我们为之全力以赴的事情。教育者要努力践行这些人生信念。

生命教育在中国大地上具有强大的感召力，首先，是因为中国社会正开始由谋生向乐生的文化转型，谋求更高的生命质素已成为各社会阶层的共同愿望。其次，也因为生命教育——"为学生的幸福人生奠基，为教师的美好生活添彩"的自觉努力代表着

第二章
生命教育：朝向幸福的努力

教育正当的价值追求,其正当性为越来越多的教育者所认同。最后,还因为生命教育在学校工作中的落实——从学校文化建设到教学内容,从师生关系到课堂氛围的营造,从校本课程建设到主题班会,从教师成长到家校合作……都可以找到工作抓手。

生命教育十分重视良好师生关系的建立。师生关系对学生的学业进步,尤其是人格的形成有极其重要的影响。尽管大部分教师都会遇到道德品质不好的学生,但整体上的师生关系主要由教师的行为与个性决定。如果一个教师的师生关系不和谐,还怪罪学生,那只能说明该教师不成熟。有研究者的调查揭示:温和可亲、幽默智慧、公正民主的教师最受学生欢迎。也就是说,教师的个性在师生关系中起着决定性的作用。我所倡导的生命教育致力于倡扬教师追求积极的生命姿态,即温暖的、热情的、友善的、礼貌的、自信的、谦和的生命姿态,这也是一个教师良好个性的展示。

生命教育作为我们的自觉追求,广泛地存在于我们的生活中:与他人目光相遇时,即使是陌生人,你是否会点头微笑?你是否会对他人提供的便利(哪怕它微不足道)表示感谢?进出门时,你是否会为后面的人拉门?你是否会经常对身边的人给予宽慰或激励?你是否会自觉关照他人的感受?你是否愿意和他人分享你人生宝贵的经验?你是否对人总是彬彬有礼、客客气气?……这说明并非只有涉及珍爱、欣赏、感恩、激扬、灿烂、敬畏生命的主题活动和主题内容的学习才是生命教育。

我想就生命教育提出如下两个命题:

第一,生命教育:朝向幸福的努力。教育中,大凡一切有助于提高师生生活满意度的追求与努力,都是生命教育。

第二,生命教育:造就强健的个人。

生命教育要致力于人们生命情怀的培育。何为"生命情怀"?我认为主要包括悲天悯人的情怀,包括孟子讲的恻隐之心、羞恶之心、辞让之心、是非之心,包括张载讲的"民胞物与"的情怀,包括王阳明在离世时所说的"此心光明,亦复何言"那种生命的豪迈感,包括弘一法师在圆寂前"悲欣交集"的人生感怀,还包括对于无限与永恒的向往,对超越个人以及个人所属的小团体的私利的公共事务及所应该依存的公平与正义的价值的关注,更包括"爱美之心,人皆有之"……在学生的心中培植生命情怀,让他们远离暴力、悲观厌世、自暴自弃、粗鄙无礼,甚至唯利是图等。能否实现这一目标取决于我们的文化——因为正是文化决定着教育的目标与内容,影响着教育者的人格。

在我的字典里,"生命教育"是优质教育、良好教育的代名词,理由就在于:好的教育是共通的,不好的教育却各有各的问题;好的教育一定有一些共同的元素,而不可或缺的是关注生命、尊重生命、呵护生命、欣赏生命、珍爱生命、敬畏生命。对"生命教育"的理解很难一蹴而就,需要一个不断丰富和深化的过程。这个过程也是与人们对生活乃至人生的丰富性与透彻性的认识相伴随的。一个人对人生的认识肤浅且单薄,就难以获得对生命教育深入的理解。所有对人类文化的理解都有助于我们对生命的理解,因为一切文化都不过是生命活动的印记。也可以说,一切与野蛮相对的文明,都有助于人类生命变得灿烂、美好与辉煌,生命的法则即文明的法则。从这个意义上讲,生命教育是文明和神圣的事业。

我在探索、推广生命教育上的努力与作为

这些年来，我和我的团队先后出版了《守护孩子的生命》、《润泽生命的教育》、《生命教育引论》（教育部人文社会科学研究规划基金资助项目"新形势下中小学生命教育的理论与实践探索"的课题研究成果）、《教育：让生命更美好》等专著；发表《生命教育的内涵、价值与实施路径》《现代教育的两大支柱：生命教育与公民教育》《师生情感互动中的荒诞现象研究》等论文；在岳麓书社出版给小学生、中学生、教师与家长的"生命教育"系列读物，先后在人民出版社、人民教育出版社、中国大百科全书出版社、世界图书出版公司出版中小学《生命教育》四套教材、《大学生生命教育》教材，出版《生命教育教师班会活动指导手册》《生命校园》《为生命而教》《生命教育的实践探索》等实践探索成果。

从2009年至今，在全国各地召开"全国生命教育年会"12届、"全国生命教育创新高峰论坛"9届，举办生命教育种子教师培训营4期，近百名来自全国各地的专家、学者和教师代表分享了他们对于生命教育的理解。这些专家、学者包括陈建翔教授、王啸教授、田慧生教授、郭元祥教授、李晓东教授、何仁富教授、刘铁芳教授、孙效智教授、林治平教授、郑晓江教授、刘良华教授、蒋凯教授、田汉族教授、李秉豪教授、白冰总编辑、何荣汉博士、张晓风女士、田丽女士、张文质先生、刘万讲先生等。我

分别以"生命教育与师生的幸福人生""生命教育：朝向幸福的努力""让生命教育在课堂绽放异彩""生命教育强调什么"为题，在全国各地做讲座、培训报告。

在我服务的北京师范大学，我率先在全校开设通识课程大学生命教育，其教学计划大体如下：第一、第二周，为学生试听期，主要帮助学生了解教学内容、教学目标、教学环节、教学要求以及学业成绩的评定。因为是选修课，所以我特别强调出勤：你可以不选，但一旦选择，就要承担责任。这是现代社会中重要的契约精神。学业成绩的评定依据为出勤、作业完成、考试情况，分别占比30%、30%、40%。从第三周至第十四周依次为以下12个学习专题：①认识生命；②诠释幸福；③学会学习；④理解爱情；⑤营建家庭；⑥培植友谊；⑦走进艺术；⑧生涯规划；⑨享受旅行；⑩关注健康；⑪阳光心态；⑫向死而生。

"学习专题"的课堂教学环节为：①理解生命教育，每周讲解我为生命教育实验学校所作的6个题词，用多媒体课件展示，时长10分钟。②专题讲解，时长15分钟。③小组专题汇报，时长30分钟。④生命教育主题歌曲和诗词赏析，时长5分钟。歌曲，如《隐形的翅膀》《蓝莲花》；诗，如《热爱生命》《相信未来》。⑤两则哈佛大学幸福教育故事分享，时长10分钟。⑥总结、反馈与强化，时长20分钟。第15周，系统复习，力求巩固，学有所获。第16周，随堂考试。

由北京生命教育科普促进会指导的全国生命教育实验学校至今已有二百多所，其中，我已为97所学校题词。这些题词从不同的角度表达了我对生命教育的理解。这些题词也都在"生命教育网"网站上和微信公众号上发表。

我为学校所作的题词的风格大体如此："生命教育之所以要成为学校工作的灵魂、一面高高飘扬的旗帜、学校文化建设的关键词，在于生命教育的宗旨是'为学生的幸福人生奠基，为教师的美好生活添彩'，这也是教育正当的价值追求。"这是我为全国生命教育实验学校所作的第72个题词。

我自觉地影响生命教育实验学校，多次走进这些学校。如重庆市合川龙市中学的办学宗旨是："让不同层次的孩子都得到最充分的发展，让每个教师的潜能都得到最大化的提升。"这与我提出的生命教育的宗旨"为学生的幸福人生奠基，为教师的美好生活添彩"是十分契合的。我为这所有6000多名学生的中学所作的题词是："生命教育就意味着持之以恒地传递这样的信息并进而竖立起这样的信念：活着是多么美好！生命中的每一刻都值得敞开心扉去拥抱世界，每一个瞬间都应该兴高采烈地去感受、发现和欣赏。"

在我访问过的生命教育实验学校中，在充满生命气息与生命情怀的学校文化建设方面，绵阳高新区火炬第三小学给我留下了深刻印象。它生命气息浓郁，随处都可以感受到。该校展示着生命的多姿多彩，灵动、自然而真切。生命教育真正成为这所学校的办学灵魂。重庆市江北中学校、鸡西市第九中学、成都市二仙桥学校、深圳市南山区学府中学在体现生命教育精神的学校文化建设方面也都各有特色，值得借鉴。

多年来，我和我的生命教育探索团队与全国各地地方教育局合作举办生命教育年会和全国生命教育创新高峰论坛。在开幕式和闭幕式上我都要讲话。我的讲话都很简洁，但每次都郑重其事。

生命教育课程资源的开发，吟唱生命、讴歌生命的歌曲是一

大宝库。我正着手建一个"生命教育歌曲资源库",拟分如下6个专题:

①歌唱生活。如《我们的生活充满阳光》《阳光》《共度好时光》。

②感恩父母、师长。如《父亲》《人生第一次》《长大后我就成了你》。

③励志成长。如《年轻的朋友来相会》《怒放的生命》《爱拼才会赢》。

④向往爱情。如《一路上有你》《为爱痴狂》《索玛花开》《当你老了》。

⑤享受生命。如《马儿呀,你慢些走》《远方的客人请你留下来》《回答自己》。

⑥向往美好。如《祈祷》《二十年后再相会》《好运来》。

歌曲对于所有人都是很好的集学习与享乐于一体的阅读文本,有待以生命教育的视野被整理和发掘。

近年来,北京师范大学生命教育研究团队每年都会推出有关生命教育的理念和出版物,表彰奖励全国生命教育理论与探索的示范学校与个人。先后提出"生命教育:为学生的幸福人生奠基""生命教育:为教师的美好生活添彩""生命教育:朝向幸福的努力"以及"生命校园""生命化课堂""为生命而教""让生命教育的成果凝聚在良好品格的养成中"等概念与命题,推出了幼儿生命教育课程,形成了由北京师范大学生命教育研究团队所开发的从幼儿教育到大学教育生命教育课程的全覆盖格局。

"全国生命教育种子教师培训营"在苏州市同里镇和深圳市南山区开营,人气极旺,非常成功。培训营学习借鉴并创造性地设计了十分丰富的活动,这些体验式活动贴近教师生活,并能移植到对学生的教育活动之中。教师乐于参与,潜心投入,热情洋溢,气氛融洽、和谐,生成了丰富的生命体验。培训营的口号和目标是:"成长是生命最美的姿态""让生命的情怀在我们心间流淌""播下探索的种子,收获教育的智慧"。我们不断探索和积累培训的经验,培训也越来越精彩。

2017年4月10日,在北京师范大学京师学堂的会议厅,来自首都各区县中小学校长与教师代表、多所大学的生命教育同人济济一堂,按照法定程序正式成立了"北京生命教育科普促进会",我很荣幸地担任第一任会长。北京师范大学生命教育研究中心自2010年春成立以来,在我的同事的努力下做了大量有关生命教育的研究、探索、推广与普及工作。北京生命教育科普促进会的成立意在团结校内外更多热衷于生命教育的探索者,促进生命教育的普及与提高,以造福于我们的子孙后代,并使我们自己获得更宏大、更辉煌的生命成长。

由北京生命教育科普促进会举办的"生命朗读者"活动中,组织者向老师推荐教育名著,我的《教育的理想与信念》忝列其中。全国各地的老师从这本书中选择了25篇来朗诵。我有些"小确幸",也感到很欣慰。我写下的近千篇文章中,至少有上百篇是可以用来朗诵的。一篇文章要适合朗诵,就必须文从字顺,表达舒展,写作时要讲究点文脉、气韵,还需要有些才情与趣味充盈其间。我已写下300多万字,人们很难从中找到陈词滥调,更没有言不由衷的表达,也没有不懂装懂、故作高深的评论,都是不折不扣的"我手写我心",都是些合乎常情常理的大实话。虚伪的人,写不出真诚的文字;肤浅的人,不会有直抵内心的言说;

阴暗的人，也无法通过文字散发出人性的光辉。感谢那些老师选择我的文字来朗读。

北京生命教育科普促进会也力图与其他大专院校合作，在推广生命教育方面做出新的尝试。2019年3月下旬，我在曲阜师范大学日照校区参加"曲阜师范大学生命教育研究中心暨卢瑞霞生命教育工作室"揭牌仪式。这个活动受到该校领导和日照市教育局的高度重视。我在致辞中表达了我的心愿："希望曲阜师范大学生命教育研究中心和卢瑞霞生命教育工作室与我们北京生命教育科普促进会精诚合作，在生命教育的理论探索、课程建设和服务社会等方面取得丰硕的成果，造福齐鲁大地，造福莘莘学子。"

第二章

生命教育：朝向幸福的努力

路漫漫，吾求索

我们为什么需要生命教育？这是一个需要充分回答的问题。有这样三个命题，我想人们都能认同：

①每个人都希望有更加美好的生活。

②每个人都希望其他人更有道德。

③每个人都不觉得自己缺少良心和道德。任何事业要想取得成功，都需要建立在人的健康需要的满足之上。

因此，我们需要为了生命的教育，需要让生命变得更美好的教育，尤其需要用生命教育的精神来超越与提升教育。

我坚定地认为，生命教育的探索者首先应该是最大的受益者。他们有更为丰富、深刻和醇美的生命体验；他们有着美好的生命姿态；他们的人生就是他们最引以为傲的作品与成就；他们总能真诚地去温暖他人，照耀他人，在人与人的关系中享受生命，成就彼此。

我认为，在学校教育中推行生命教育，以下三个方面均可以作为着力点：

生命教育是良好教育、真正教育、理想教育的代名词。它标示着教育的方向，规定着教育的品质，映射着教育的内容与主题。我特别推崇生命教育，是因为真切地关注学生的生命成长、为学生的幸福人生奠基、为教师的美好生活添彩才是教育正当的价值追求。

人类社会一切个人或组织所有正直而光明的努力和作为都是为了使更多的人生活得更加美好，更多的人生活得幸福而有尊严。作为人道主义事业的教育，理所当然地要服务于学生的健康成长，真切地为学生的幸福人生奠基。

现代文明有一个相互联结、互为因果的进步机制，这个机制由个人主义、民主政治、市场经济所构成。对于个人的尊重，必然要求对个人自然生命、社会生命和精神生命的关注。从这个意义上说，生命教育是现代文明的内在要求。

生命教育要在实践中得到落实并能收到实效，需要强调以下几点：

生命教育强调将"为学生幸福人生奠基"作为所有学校办学的宗旨和目标，作为高高飘扬在学校的一面旗帜，作为办学的灵魂和学校文化建设的关键词。

生命教育强调重视人的精神生命，重视人的精神生活，引导师生过一种充满诗意、崇高的精神生活，使人们从平庸、琐碎、昏暗中脱离出来，努力使人们的精神世界变得丰富、深刻和纯粹。

生命教育强调激发和调动学生全部的生命潜能，引导学生为幸福人生而学习。生命教育要让学生认识到学习不只是人的智力劳动过程，也是人的生命活动的一部分。缺乏内在动力和情感支持的脑力劳动极易导致人的疲劳。唤醒、激发、提升学生对于成长的渴望，享受智力劳动的快乐，是生命教育的一个重要着力点。

生命教育强调将学生成长中的欣喜、快慰、挫折、烦恼和困顿等生命经历和生命感受，作为教育的契机和资源，引导学生正视自我，通过反求诸己、反身而诚来获得人生的真理与智慧。

生命教育强调将学生作为幸福人生的创造者所必需的知识、

技能、情感、态度、价值观系统化、课程化，注重教材建设和师资培训。

生命教育强调建立积极的师生关系，教师努力成为学生生命中的贵人，学生对教师的付出充满敬意和感恩，整个教育过程充满生命情怀。

生命教育强调教师不仅要能够从学科的逻辑结构上帮助学生理解学习内容，也能够从生命教育的视角解读和发掘教学内容对学生健康成长和创造幸福人生的价值。

生命教育强调创造安全、尊重、激励与理智挑战的课堂氛围，让课堂充满关注生命的气息，让生命的活力充分释放，让智慧之花尽情绽放，使课堂成为温暖的、开放的、分享的精神场域。

生命教育强调各级各类学校都自觉地承担起"父范"教育和"母范"教育的职责，让学生有准备地去成为称职的父亲和母亲。因为这不仅关系到家庭幸福，也关系到我们的民族素质，关系到我们能拥有一个什么样的未来。

生命教育强调为教师的美好生活添彩，关注教师校园生活质量，关注教师生活幸福指数的提升，关注教师职业的认同感、自豪感和成就感，使教师这个职业真正成为既受人尊敬又令人羡慕的职业。教育如果不关注教师的生存境况和生命境界，不关注教师的文化底蕴和专业素养，一味地只关注学校的办学特色，关注学校的品牌营造，无异于舍本逐末。

生命教育强调知行合一。自古以来，"知行合一"就是人们自觉追求的崇高的人生境界。"行"不仅是"知"的一个目的，"行"也能检验、强化、提升、拓展和丰富"知"，正所谓"纸上得来终觉浅，绝知此事要躬行"。生命教育所强调的身体力行的教育主张与伟大的教育家陶行知先生的"教学做合一"的思想是高度一致的。因此,生命教育需要教育者有一种新的人格,一种真诚的、亲切的、体恤的、欣赏的、温暖的个性品质。不仅要认识和理解人的生命特征,还需要将关注生命、珍爱生命、尊重生命、享受生命、敬畏生命、成全生命体现在我们所有的行为之中。

生命教育致力于引领更多的人建设自己美好的人生。何为"美好的人生"?我有不同的表述,但大体如此:

心中有爱。美好的人生一定有很好的心理归属感,能真切地感受到爱与被爱。一个心中有爱的人,不论在怎样的境遇中都不会感到孤单和无助。

手中有事。这意味着要有实现自己人生价值的岗位,自己被社会和他人所需要。一个无所事事的人往往会有百无聊赖的空虚感。

兜里有钱。经济上的富有能让人不必为生计奔忙,也就不会斤斤计较、急功近利。

脚下有路。这意味着拥有未来与希望,甚至意味着有资源,有人脉,有奔头。

在日常的生活中感知人情冷暖,体味爱恨情仇,这一直是我生活的基调。当然,现实生活要比这丰富得多,也复杂得多。常常会有多种情感体验的叠加,即所谓的"五味杂陈""百感交集"。一个人内在的财富,一定包括生命体验。正是基于这一认识,我主张并身体力行"真诚而勇敢地生活":不惧误解,不畏冲突,随遇而安却又率性而为,知足常乐但也乐于尝试,力图创造一部"摇曳多姿""玉树临风"的人生作品。

如何成就一个博大、深邃而又丰富的自我,人类过往的哲人,做过种种的探索。比如,要学思结合——"吾尝终日而思矣,不如须臾之所学也";不仅要读一流的书,还要有亲身实践,所谓"格物致知";要多经事,多阅人;冥想参悟,向内心求真理;实证研究,归纳概括;等等。我发现游历尤为重要。踏遍千山万水就会有一种"一览众山小"的心胸上的豪迈与阔大。书写人生的一个不错的方式可能就是在世界上行走。

我的一切努力,可概括为一点:为使更多的人拥有更加美好的人生。建设好社会,归根结底还是为了每一个现实的、具体的人的人生。每一个人的人生既是自己的,也是社会的,既取决于个人的修为,也取决于社会的氛围。

人们在世界上行走,无论是为了生计的奔波,还是满足精神需要的游历,时光都在我们的步履中悄然消逝。人比较好的生命姿态就是走在实现人生目标的路上,始终让自己置身于一种进步的状态中。随着时光的逝去,心灵变得日渐丰饶与饱满。走过的路,遇见的人,经历的事,读过的书,写下的文,领略过的风景,沉淀出一种风姿,一种傲岸的风骨。如此,方为无悔的人生。

生命本身并不自带意义。在生与死之间,在四季的流转间,在昼夜的交替间,生命可以是一场虚空。人的生命的意义要靠自己去赋予。这个意义赋予的过程只能是自觉的、有目的的劳动。因此,热爱劳动是热爱生命的最重要表现。

个人与世界的关系,中国先哲有很好的概括:天、人、物、我。天,即"苍天有眼"的天,代表着神圣与天道;人,包括所有的他人——不管是父母、兄弟姐妹、爱人、子女、朋友、同学、同事……对我们来说,统统都是他人。可总有些人与你有着十分独特的关系(这个事实可以很好地诠释"你的思想就是你的世界"

这一哲理命题）。人与人之间的关系十分复杂：有血缘的，也有地缘的；有利益的，也有情感的……还有多种关系的叠加。在与他人的关系上，人们努力的空间和差异最大。

生命教育在大中小学都受到越来越多的关注，它反映了社会的进步，反映了人们日益重视生命的品质以及对于更加美好生活的向往与努力追求。对于"生命教育"的理解需要一个不断丰富和深化的过程，使它从教育观念变成教育信念。所谓"信念"，就是我们坚信不疑的观念。要使一个观念变成信念，需要我们彻底地思考、充分地分享和不断地强化。生命教育首先要唤起的就是热情和信念。

我和我的同事们力图通过种种努力，让生命教育在更多的教育者心中深深地扎根，并成为更多的教育者生命成长源源不断的力量源泉。"星星之火，可以燎原。"我坚信，生命教育一定会成为越来越多教育者的共识和自觉努力的方向。

第二章

生命教育：朝向幸福的努力

瞭望"生命教育"的风景线

"生命教育"自从"登陆"我国以来，经无数有识之士的努力，终于由星星之火发展成燎原烈火，由涓涓细流汇聚成大江大河，使得"生命教育"的概念传遍大江南北，使得"生命教育"的理念渗透进无数教师的心间，使得"生命教育"的大旗高高飘扬在众多的中小学校的上空。

"生命教育"从教育的目的——人的生命成长出发，也就是从教育的本质出发，重新昭示教育的真义，深入阐释教育的价值，致力于捍卫生命的尊严，激发生命的潜能，提升生命的品质，实现生命的价值。我们的教育如果缺少了"生命教育"的内涵，我们的"教育"就是"假教育"或"伪教育"，就是没有"生命"的教育。"生命教育"是教育本质的体现，伴随着教育发展的始终。

对"生命教育"课题的国家级立项是我国教育部门教育观念的重大转变，是我们教育工作者对教育本质的再认识。

"5·12"汶川大地震后，我国将5月19日—21日设为"全国哀悼日"。这是一次庄严的精神洗礼，每一个人都可以通过这样的形式感受生命的庄严。我想，在全国降半旗的那三天，在汽笛鸣响的时刻，每一个人都会感受到对生命逝去的痛楚，产生对生命的敬畏。这是国家层面对"生命"的尊重，是一次全国范围内的"生命教育"的示范，是一个国家的"生命意识"的觉醒。在全国哀悼日中，人们的心灵受到的触动非常大，借着这种情绪，大家开始思考生命的意义，珍惜生命，珍惜现在所拥有的。这让中国人经历了一次"成长"教育，也从正面表明了我们的"生命教育"实验与探索的重要性、必要性和迫切性。"生命教育"在我国的教育中，特别是在基础教育中是不可或缺的，是历史赋予我们的责任和义务。

"生命教育"源自美国，后在世界各地付诸实践。"生命教育"作为一种"教育思想"或"教育流派"，还有很多的理论和实践的问题需要讨论，需要厘清，需要进一步探索，因此我们的"生命教育"理论研究和实践运用就有着"世界教育"的元素。我们的"生命教育"的工作不仅是在为中国的教育做贡献，其实也是在为世界的教育和人类的未来做贡献。

同时，我们还要做的是"生命教育"的"本土化"。中国有对"生命"意义的独特的理解，我们要吸收中华文化对"生命"的理解的积极意义，同时要摒弃中国传统文化中漠视"个体生命"的不人道的意识。正如我们的研究文章中所指出的，我们的"生命教育"不单是关于如何保护人的自然生命的教育，更是关于人的人文生命的性质、价值与意义之厘定、开掘与光大的教育；我们必须结合中国的实际，必须让"生命教育"走出"学生自然生命安全教育"的背景，寻找到自身独特的发展之路；我们要把"生命教育"当作"素质教育"的突破口，逐步将冷漠的"应试教育"转变到尊重生命的"素质教育"；我们主张用生命教育超越和提升道德教育，在实践中把我们的"自然生命、精神生命、价值生命、智慧生命"融为一体。总而言之，我们的"生命教育"既要有世界先进的教育理念，又要有中国气派、中国风格和中国情怀。

当然，"生命教育"更多的是一个实践的领域，它需要我们的教师把"生命教育"的理念落实到教育的每一个过程和每一处细节之中。也就是说,"生命教育"是教育的存在形态,是教师在教育过程中为了生命主体的自由和幸福所进行的生命化的教育。就学生而言,如何创造生命化的课堂、生命化的校园,带给学生更多的感动、更多温暖的关怀,让学生拥有一个积极的、光明的内心世界是"生命教育"的内容之一;对教师而言,如何让他们感受教学的乐趣、感受校园生活的美好,也应该是"生命教育"要着力探索的问题。

在《爱伴你成长》和《生命需要呵护》的课堂上,你会像张文质、黄解放等听课老师一样泪流满面,感受到"生命教育"的真实和魅力吗?当我们翻开各种"教学案例"、"教材解读"和"教法研讨"时,你会感受到"生命教育"的课堂是体验的课堂,是感悟的课堂,是分享的课堂,而不是说教的课堂,不是将某一个理念非常强硬地塞给学生的课堂。这些课堂无不高扬着生命的价值,反复礼赞着生命,让每一个人都能感受到生命积极的存在状态——投入、倾注、热力四射和趣味盎然。是的,"贴近生命的需要,揭示生命的真相,引领成长的方向,探寻生命的意义,成全生命的价值",应该成为我们全部教育的自觉追求。"生命教育"是一个有着明确的价值追求而又涵盖多重主题的教育实践领域,因而是地方课程与学校校本课程开发与建设的重要主题和领域。在汶川大地震中,最让我感动的人物之一就有绵阳市安县桑枣中学的校长叶志平。他不仅加固了一栋建造时没有通过验收的实验教学楼,而且在一所乡村初级中学里,坚持每学期都要在全校组织一次紧急疏散演习,并且严格细致到每个班的疏散路线都是固定的。地震发生时,全校师生从教学楼全部疏散到操场只花了一分多钟。"安全教育"是"生命教育"的重要组成部分，这是把对生命的尊重落实到具体的实践操作之中的体现，是值得我们深深感动和敬佩的。这也启示我们，"生命教育"的实践要做到"本土化"和"地方化"：处在地质灾害多发地区的学校，要重视防震及心理干预等教育；处在江河旁的学校，就要增加防洪和防溺水方面的知识；处在海岸边的学校，就要注意对防范海啸、台风等海洋灾害的教育。日本因为处在地震多发地带，所以平时经常对学生进行防震训练，地震发生时，学生大都能紧急避险。2004年印度洋海啸时，一个在泰国游玩的十岁的英国小姑娘观察到海水的异常变化，根据平时学到的海洋知识，判断海啸即将到来，从而拯救了许多游客的生命。我们"生命教育"的校本教材与地方的课程资源和实际情况紧密结合起来，才能使我们的"生命教育"更有魅力，更有活力，更有生命。"天空虽然没有留下翅膀的痕迹，但我已飞过。"教育无痕是"生命教育"最主要的特征，它讲求的是如"羚羊挂角，无迹可求"般的境界，其最大的成功就是让师生在潜移默化中懂得生命的美好，让师生更好地认识人生，发现生命的价值和意义。经过"生命教育"的探索与实践，我们每一个教师和学生心中都有了更丰厚的、更美好的生命情怀，对生命有了更深的眷恋，有了更和谐、更美好的人际关系。我们的校园更生动了，我们的幸福指数提高了，我想这就是"生命教育"最大的成功。

　　在"生命教育"的旅途中，我们只有目标，没有终点，但有终点就一定会抵达。通过探索，我们一定会取得丰硕的成果，这个成果最重要的就是：我们的"生命"从此得到了不竭的"成长"动力，我们的"生命"从此风景无限、美好无边！

第二章

生命教育：朝向幸福的努力

教育让生命更美好

1

生命教育,通俗地说,就是"为了生命的教育",它是教育哲学层次上的教育概念,属于价值论意义上的范畴。它首先是对于教育的价值追求,是对于"为何而教"的坚定回答。这在一些同人看来,或许有内涵过于宽泛、陈义过高的弊端。但我认为,生命教育仅仅作为教育内容或方法层次上的概念还不足以担当从根本上扫除当今教育的功利主义、灵魂缺乏等积弊的使命。

2

人类个体的生命仅仅是复杂的自然界生命系统中的一部分,从个体到群体、到种族、到国家再到全人类,再从人类到其他物种,从生命系统到整个自然界,人类个体生命的存在与这些息息相关。能不能意识到这一点,并有恰当的行为乃至文化系统的支持(特别是制度保障),这关涉文明的历程。"生命教育"进入人们的视野,并有越来越多的个人和组织加入对生命教育的探索,表明了人们对于生命的自觉、人生的自觉,标志着"人的时代"对于"物的时代"的超越的尝试性努力。

3

让每一个人都幸福而有尊严地生活着，人类亘古未变的理想照亮今天的现实，那些阴暗的、丑恶的存在（从观念到习俗，从规则到制度）潜伏在我们的生活之中。唤醒人类的警觉，多一份应对残缺的技艺，多一份充满人性的制度保障，这首先有赖于我们将每一个人的生命放在崇高的地位并予以观照和富有智慧的探索。

4

科学技术的突飞猛进，物质财富的极大丰富，个体的生命质量与生命尊严受到空前关注，使得关涉个体发展的教育承载着诸多期盼和重托，从没有像今天这样备受关注。我们究竟需要什么样的教育，什么样的学校，什么样的教师？我们究竟需要什么样的课程，什么样的课堂，什么样的教学方式？有识之士认识到：在这些难解的宏大命题下，还有无数具体细微的话题，正急切地等待着我们做出回答。这个回答，不应该是空洞乏味的阐释、晦涩艰深的教条，也不应该是坐而论道的清谈、颐指气使的命令，更不应该是不负责任的敷衍、喋喋不休的抱怨，它必须来自教育者自觉探索的行动，来自鲜活的教育实践，来自生动的一线课堂，更应来自每一个生命成长的过程和体验。

第二章
生命教育：朝向幸福的努力

5

作为一门课程的教师,他首先应该是一个教育者。我认为,作为教育者,需要勇敢、坚毅和严谨,怯不从教,懈不从教,苟且不从教,但更需要明确为何而教。作为当代的教育者,"为幸福人生而教"才是教育正当的价值追求。

6

我所力倡的生命教育所包含的六大理念——"关注生命,尊重生命,珍爱生命,欣赏生命,敬畏生命,成全生命",就是力图从个体生命的根基上确立精神的脊梁,使公民形成健全、独立、自由之人格。

7

每一个人都是生活的导演,每一个人也都是一个奇迹。生命的长度有限,但宽度无限。只有热爱生命和生活的人才能赋予生命无限的宽度。我们作为生命教育的探索者和推动者,以生命的名义在这里聚首,在这里揭示奇迹发生的秘密,欣赏奇迹的灿烂,并推动着更大、更美好的奇迹的绽放。

生命教育的核心概念

生 命

生命是自然界千百亿年来进化的最高产物；人是生命系统中最复杂、最高贵的存在；人的生命特征是教育的思想基础和出发点。

文 化

文化是人类利用、改造自然产物以及用以指导自身行为的模式；文化中存在着文明与野蛮两大部分，而对它们的区分是基于人们的价值观做出的；发展着的真理（知识）是文化中最为重要的元素，尤其是对人的发展而言。

成 长

成长既是作为个体的人的自然潜能的彰显，也需要从文明中汲取营养；学习是成长最重要的推动力，因此，所有的"教"最终都要落实在、体现为"学"；人的成长是持续终生的过程，因此我们需要终身教育。

幸　福

幸福是人最美好的生命状态，也是人所有自觉行为的最终追求；一个幸福的人更有可能成为文明社会的建设者，而非社会的破坏者；幸福既取决于人的心态（价值观），也取决于人的能力。

生命，文化，成长，幸福，构成一个平行四边形，这四者之间存在着良性互动、彼此依存的关系。用一句话来表达就是：朝向幸福的个体生命的成长需要从人类文化中汲取营养。

生命教育推崇乐学

1

有家长送给孩子一句话,"学习很苦,坚持很酷——将来的你一定会感谢现在努力学习的自己"。

"学习很苦,坚持很酷",前者需要讨论:学习需要付出努力,需要克服贪图安逸的惰性,但学习也完全可以成为一种享受。有人解数学中的难题就很享受其过程并能获得成就感。在学习过程中有许多的发现,学习就会很有乐趣。而"发现"需要掌握一些方法,比如,英语单词的拼写其实是有规律的。究竟有怎样的规律,这属于缄默的知识,很难明确表达出来。汉语精彩语句的表达也有规律,这也要靠学习者用心琢磨。我猜想,学识渊博的人,都是"乐学"出来的,而非一味"苦学"。

"坚持很酷",就很有道理。在学习过程中,"三天打鱼,两天晒网"、一曝十寒就很难有所长进。"学如逆水行舟,不进则退",何也?因为学习没有坚持,没有得到足够的强化,学习的成果就会慢慢地被生活侵蚀掉、消磨掉,心灵中的"生长点"就会不断萎缩并有可能泯灭,心灵渐渐荒漠化,而不能成为泉水叮咚、溪水潺潺的绿洲。

2

人们耳熟能详的"书山有路勤为径,学海无涯苦作舟",前半句很在理。不勤奋,要博学多才就几乎没有可能。

勤,相对的是"懒",是懈怠,是惰性,是无所事事;勤,意味着乐于下功夫、费心血,并能朝着一个目标持之以恒、日拱一卒、百折不挠。勤奋,可以立身。一个人如果缺乏勤奋精进的品质,那他极有可能会一事无成。

这句话的后半句应该改为"学海无涯乐作舟"。欢乐、快乐、喜乐、乐观,都是积极的情感。有积极情感的支持,学习的效果就会更好:当人们心甘情愿、喜滋滋地做一件事情时,效率会更高;当我们内心清丽、明亮时,我们的感受力、记忆力、想象力、思维的流畅性都会更好。

当你被逼着做自己不愿意做的事情时,会敷衍,会偷工减料,几乎不可能才思如泉涌、甘之如饴。不要用"苦"给孩子消极的心理暗示,而应该用"乐"来激活、唤醒他们沉睡的、被遮蔽的学习潜能。需要特别指出的是,有的人不能享受学习的乐趣,是因为学习效率低下。而这往往是由于"学不得法":对于学习内容没有彻底地弄明白,没有及时温习,没有很好地与遗忘做斗争,造成了时间与精力上的很多浪费,进而造成了学习自信心的丧失和成就感的虚无。

3

"吃得苦中苦,方为人上人"常被人们用来劝学。今天,对于这样的表达,都需要认真地审视一番。

首先,"人上人"这个观念与现代文明强调的"平等"严重不符。

其次,如果"吃苦"或者说"努力",就是为了成为"人上人",这种狭隘的充满了功利色彩的训诫有毒。但如果说"能吃苦"是"上等人"的标配,这倒是一个值得研究的现象。

最后,如果必须牺牲"快乐的能力"才能成为"人上人",那又能如何呢?况且,"吃苦耐劳"是不是就能成为"人上人"也还是一个问题。

综上所述,我们可以强调对孩子"坚毅"品格的培养,但同时要更多地让他们感受到学习的快乐,包括智力劳动的愉悦,感受到活着的惬意与美好。努力与快乐是有可能做到统一的。

4

"亲近真理,启迪智慧,润泽生命",这是我几年前应邀为鸡西市第九中学作的题词。这也是我对"教育"最概括、最简洁的表述。

"亲近真理",意味着"与真理为友",用真理武装学生的头脑,在领悟与掌握真理中学会学习、获得成长。

何谓"真理"?这涉及认识论与知识论的问题,极为复杂。简而言之,牛顿力学的三大定律是真理;"若批评不自由,则赞美无意义"是真理;"甘蔗没有两头甜"是真理……

当然,科学上的真理,往往是暂时性的:或许有一天,生物科学技术的发展能够培育出两头都甜的甘蔗来。真理不是谁"宣称"的,真理不仅可以被质疑,而且不惧被质疑。真理是可以通过某些方法重复检验的。学生可以通过掌握真理的过程来发展智慧能力——通过对真理与谬误的验证与甄别,掌握真理,从而启迪智慧。

智慧包括人的感受力、记忆力、鉴别力、判断力与创造力等;从另一个维度上讲,包括模仿、内化、迁移、表达的能力。

教育最终是要"润泽生命"。对人而言,"生命"通过"生活"来体现与展示。

对所有人而言,生活永远是第一位的。"教育即生活"(杜威),我们可以通过生活来滋养、润泽生命。而如"快乐、高兴、喜乐、愉悦、惬意、幸福"这些积极的情感,对人们的身心都具有无比珍贵的价值与意义。

5

我们有理由相信:通过乐学而成长起来的人,一定会更加"乐生"——热爱生活,珍爱生命,享受人生。对所有人而言,学习不仅是为了更好的生活,学习本身就是生活的一部分。"乐学"的过程有利于青少年养成阳光、开朗、自信、主动、友善、热情与温暖的健康人格。这一点无论是从理论推导,还是从日常生活的经验中都能得到确认。让更多的人乐学,然后乐生,拥有灿烂的人生,这是生命教育所推崇和自觉追求的理想境界。

卓越班主任都有积极的生命姿态

班主任，就是一个示范者，一个在言行举止、思维方式、价值观念、审美趣味以及情感态度方面的示范者。"师者，人之模范也。"（《法言·学行》）一个人如果没有一点过人之处，没有好的习惯与品格，他就不配做班主任，更不可能成为卓越班主任。一个人能否取得好的人生成就，取决于许多因素，但最关键的还是在于他是否有积极的生命姿态。

1

首先，一个卓越的班主任会有较高的自我期许，志存高远，始终给予自己积极的心理暗示，始终相信自己会变得越来越有力量，相信明天会更好。如果一个人，连他都觉得自己是卑微的、渺小的、轻贱的、可有可无的，那他的气场就可能不行，精气神就会有些萎靡。自信区别于自负、自大、自恋的地方，就在于"自信"建立在点点滴滴的成功、成就的基础之上，建立在他人真诚的积极评价上，建立在理性、客观的自我认知上。自信，会更有助于人的潜能的发挥，更能让人绽放个性魅力。自信的对立面有自卑，还有自疑。为了防止过于自以为是，我们需要有一点点自疑，即即使对自己坚信的事物也能有一种审慎的态度，持一种开放的态度。这样，可以避免以一种自负、蛮横的面目出现在世间。

2

"勤为事业千秋训,信是人生一字师",这是一副对联。勤劳、勤奋,就意味着乐于持之以恒地付出,不偷懒,不懈怠。勤奋努力,是人生最美的生命姿态。它作为一个人的品格,即使游山玩水,也可以反映出是否勤奋,比如勤于记录、勤于积累、勤于做功课。在我的成长经验中,其一就是"勤于积累",我尤其注重词汇的积累。我认为一个人的词汇愈丰富,心灵就愈丰富。举一个不太贴切的比喻:人的头脑就像用来煲汤的容器,它里面只有具备了足够多、足够好的食材,才能煲出滋味醇厚、营养丰富的靓汤来。否则,一锅清水,无论你煮多久,熬多久,煲多久,除了让水越来越少,水中的亚硝酸盐的含量越来越高,不会有其他的结果。我想用这个比喻说明:积累很重要,选择有价值的知识、信息进行积累也很重要。信是指诚信,言而有信,一诺千金。对待所有人,要"低允诺,高表现",而不是相反——轻诺寡信。不勤奋的人,往往也不诚信,总希望投机取巧,更恶劣的会坑蒙拐骗。勤劳和诚信都是卓越班主任应该有的生命姿态。

3

"我们坚持做一件事情,不是因为它能改变什么,而是因为它是对的。"坚持不懈地专注于有价值的事情,坚持不懈地做正确的事,天长日久,终成性格,终有收获。比如著名的班主任魏书生,他值得广大教师学习的就是坚毅,坚持把正确的事情做扎实。他充分调动学生的积极性,给学生承担责任的机会,坚持给学生明确的、具体的指引与激励，并以身示范……这些是每一个教育者都可视为圭臬的。魏老师成功的经验，我总结为一句话：他始终坚持不懈地做正确的小事。这一点就值得所有人学习。坚持几乎是所有卓越的人都具有的生命姿态，当你只问耕耘、不问收获时，收获已经在你的生命中潜滋暗长。总有一天，你会发现你收获了一个更好的自己，你会发现一切美好的事物都会如影随形。

4

除了自信、勤奋、诚信和坚持，我推崇和礼赞的生命姿态还有许多。比如旷达，这意味着不会谨小慎微，瞻前顾后，患得患失，更不会斤斤计较、睚眦必报，而是勇往直前，拿得起，也放得下，有一种豪迈之气。比如明亮，这意味着坦诚、磊落，言行一致，表里如一，知行合一，并能温暖与振奋他人。比如丰满，这意味着生活与内心的丰富，不贫乏，不单薄，更不会空虚无聊、寂寞难耐，而是有自己倾情投入的事业与爱好，并从中获得源源不断的生命成长的养料。每一个人既是环境的产物，同时也是自我的作品。我们愈强调后者，就会愈加有超越自我的内在动力，就愈可能从怯懦、猥琐、狭隘、偏见、自满、傲慢、冷漠和麻木中超脱出来，我们的生命姿态就会愈美好。

让我们用美好的生命姿态走向卓越，让世界变得更灿烂。

第二章
生命教育：朝向幸福的努力

以爱育爱：究竟应该爱什么？

我倡导的生命教育一定包括"以爱育爱"。这就需要教育者心中是有爱的。

我们怎么样才会有爱呢？这取决于我们对所爱的那个对象的认识与理解。如果我们认为那个对象是"虚伪（虚假）的、不对的（错误的）、有害的、丑陋的"，那我们就很难"爱上"对方。

人的认识有一定的主观性，也就是说它会受人的价值观念、思维方式和审美趣味的影响。但"认识的对象"本身怎么样，是不是值得爱，同样具有（在更多情况下甚至更加具有）决定性的影响力。"爱的教育"是必要的，关键是要引导学生爱什么。

在人文世界里，几乎所有的人、事、物都涉及"真伪、是非、好坏（利害）、美丑"这四个尺度的评判。

"真伪"属于事实判断，但也暗含着价值判断。"是非"（对错）就更是这样。而"好坏"就更靠近价值判断了。至于"美丑"，则属于主观性更强的判断了。所以，在人文世界里，人们总也离不开"真是好美"的判断与评价。因此，"爱的教育"就是涉及"真是好美"的教育。

爱是一种积极的、真诚的情感投射，它混合着欣赏、依恋、怜惜、珍视、赞美、用心呵护、乐于奉献，甚至为了对方可以舍生忘死等元素。

我们究竟要引导学生爱什么？一言以蔽之，值得爱的对象，

"真是好美"的对象。

首先是爱生命。在生命世界里,人的生命最可贵。像蚊子、苍蝇,哪怕是病毒,它们也是生命,但它们会危害人类的生命,所以我们要消灭它们。人类的爱必然以人类的生存、发展和享受为归依。

爱人类就必然延伸为爱真理、爱正义、爱自由,因为它们有利于人类的生存、发展与享受。对人类个体而言,"生命"表现为"生活"。而"生活"中,学习、劳动、锻炼、养生、亲密关系的建立、体验的丰富、探索的冲动、创造、自我实现都是极其重要的内容,也就是我们应该爱的对象。

第二章

生命教育:朝向幸福的努力

经典教育电影微评

《摔跤吧,爸爸》

印度电影《摔跤吧,爸爸》讲的是一个印度摔跤冠军毕生的梦想就是站到世界冠军的领奖台上,然而他因生活所迫放弃了摔跤。他希望儿子可以帮他实现梦想,但他生了四个女儿。偶然的机会,他发现女儿有摔跤的天赋,于是开始训练女儿摔跤,努力使女儿变成世界级的摔跤手。

在男权社会的印度,女孩子练习摔跤引来了村民的讥讽和嘲笑,吉塔姐妹俩也受到了同学的孤立。但他们父女排除所有的困难,最终梦想成真。

这是一个很励志的故事。电影反映了印度社会的种种问题:女性社会地位低下,乡村的封闭、保守与落后,官员的怠惰与不作为。

这部影片对于唤醒印度女性的独立与自主意识具有积极意义。印度在许多方面仍然非常落后,好在对于落后和黑暗的揭露与抨击的声音能够得以表达,这或许意味着它有一个光明的未来。

《怦然心动》

美国影片《怦然心动》讲述的是小男孩布莱斯和小女孩朱莉之间情窦初开的微妙的心理变化，是一个青涩而甜蜜的初恋故事。

故事中的人物，除了小男孩的父亲不太讨人喜欢外，其他人，尤其是布莱斯的外公，都非常可爱：温情、仁爱、富有教养。

影片中的故事发生在20世纪60年代的美国，对于青少年的"早恋"，无论是学校的师生，还是家长，不仅没有大惊小怪，反而在一定程度上给以默默守护甚至鼓励。

少年时期纯真的爱情是非常美好的。这部影片自始至终都没有强烈的冲突，如涓涓细流，如春风化雨，沁人心脾。文明是一种力量，即使波澜不惊，照样可以动人心魄。

《放牛班的春天》和《死亡诗社》

《放牛班的春天》和《死亡诗社》是两部难得的经典教育电影。

《放牛班的春天》讲的是一群问题少年在马修老师充满善意的理解、宽容与真诚的爱的影响下渐渐地成长，《死亡诗社》讲的则是一所声名显赫的高中，文学教师基廷着眼于对学生生命的热忱、浪漫、感受力与表现力的培养，在学生的心中播下追求自由与梦想的种子。

两部电影有一个共同点，就是两位老师用自己丰满的人格和对真正教育的追求赢得了学生的爱戴，却都遭到了校方的解雇。我从他们的作为中深刻地体会到：学校中的课程与评价，如果不是基于教师个人的生命真诚，那一定是很外在的东西。换言之，教师本身的影响力会对学生健康地成长产生实质性的作用。而这种影响力是教师作为一个人发展到一定高度后才可能具有的。

《美丽心灵》

2001年上映的影片《美丽心灵》讲述了患有精神分裂症的数学家约翰·福布斯·纳什，在博弈论和微分几何学领域潜心研究，最终获得诺贝尔经济学奖的故事。纳什从上大学到终老，差不多都在普林斯顿大学。爱因斯坦的最后岁月也是在这所位于新泽西州普林斯顿小镇上的大学里度过的。

2015年我特地造访这所大学，遗憾的是影片中的主人公原型约翰·福布斯·纳什在我们到达时的半年前就因车祸去世了。值得庆幸的是，这部向纳什致敬的电影，纳什本人、他的夫人及儿子应该都看过。纳什的夫人艾里西亚，是他的学生。虽然他们中途离过婚，但艾里西亚始终精心照料他并于2001年与他复婚。1994年12月，纳什在诺贝尔奖获奖演说中表达了他对妻子深深的爱。

影片中的阐述是：当人们的选择在关注个人利益的同时能够顾及公共利益时，更有可能获得双赢的局面。我们的生活中，有些东西没办法证实，却需要相信。这背后需要一颗美丽心灵。

第三章

人生,才是最重要的作品

百样人生,各美其美;酸甜苦辣,冷暖自知。有需要,却不强求;怀抱希望,却随遇而安;积极热情,却又淡定从容,这是很好的生命姿态。

吾心即宇宙

1

在格律诗与自由诗之中,我更喜欢自由诗。诗意本来就是那种不羁的心绪,你非要将它装进一个套子里,就难免有隔靴搔痒乃至削足适履之感。

我主张一个人年轻时要多背诵一些诗,尤其要多赏析现代诗。这对于我们培养一种趣味,少一些江湖气、铜臭味、市侩气会有很好的帮助。

其实,我们一生都可以亲近诗歌。从事理论与学术工作的人,如果心中常常流淌诗意,在文字表述中,偶有兴之所至、诗意勃发的神来之笔,那将为著述增色不少。

2

现代的、先进的、代表着人类文明前进方向的教育,一定饱含这两个元素:生命教育与公民教育。前者服务于个体幸福人生的营造,后者服务于自由、民主、文明、法治社会的建设。由此,我引出了一个重要的教育学的命题:现代教育的两大支柱(核心元素)——生命教育与公民教育。教育的根本目的是服务于人的美好生活，而这既与个人有关，也与人们生活于其中的社会有关。好社会的建设却又取决于作为建设者的个人。饱含这两个核心元素的教育是对教育思想史上个人本位论和社会本位论的扬弃和超越，是为了从根本上确保更多的人幸福而有尊严地生活。

第三章
人生，才是最重要的作品

心若向阳，无处不花开

1

什么样的生命姿态是美好的、值得尊崇的？现在，我所能想到的有这样三点。

勇敢的。这意味着执着、坚毅，不瞻前顾后、不患得患失，敢想敢说，敢做敢当，敢恨敢爱，敢生敢死。在一个法治社会，只要你不违法乱纪，只要你不是一个鼠窃狗偷之辈，只要你对天道、自然、生命与真理心存敬畏，就没有什么可恐惧的。如果你连内心真实的感受和想法都不敢表达，这其中不排除你不够自信，你的内心不够正直与光明。只有更多的人能够大义凛然、挺拔地生活着，而不是猥琐、怯懦、低眉顺眼、忍气吞声地生活，社会才会有一种正气。要彻底根绝人们的小民意识，让尽可能多的人都成为堂堂正正、自信从容、大气开放的公民，这是中国社会发展的方向。

真诚的。这意味着忠于自己的内心，不伪饰，不做作，不自欺欺人，不表里不一。如果一个人是有格调与品位的，率性而为、自适己意，就是一种惬意且美好的生命姿态。一个人有美的情怀与美的境界，他自己就是最大的受益者。因为他自己总会是最先也会最多地领略这种美的生命姿态。真诚源于自信，源于对人的信任，源于敢于担待的品格。

热情与开放的。这意味着对外部世界葆有敏感并充满探索的热切期望，不麻木不仁，不冷漠无情，也不固执己见和刚愎自用，不仅能够从善如流，而且即使对自己认同的事物也能抱着审慎的态度。有内心的温暖，有生命的温度，是一个人真正的宝贵财富。

2

我读到一句既有哲理又富诗意的话："心若向阳，无处不花开。"类似的表述还有不少。几百年前的心学家就讲过"心外无物""心外无理""吾心即宇宙"。西方人弥尔顿也有意思相近的表达：意识本身可以把地狱造就成天堂，也能把天堂折腾成地狱。其实，这就是今天大家都认同的一个道理：心态很重要。用积极乐观的心态看待世界就会少一些抱怨与不良情绪。但批评不等于抱怨，更不等于泄私愤。批评是揭露，是惋惜，是呐喊，是"铁肩担道义"的表达。真正的知识分子拒绝赞美现状，因为他们的心中有更高的理想，他们更乐于标示社会前进的方向和航道。如果因为他们对社会种种现象的批评，就认为他们的内心不阳光，批评他们过于刻薄与挑剔，这样的看法是肤浅的、狭隘的。

3

人们赞美一个人的文章写得好时，经常会提及"文笔优美"这一点。可文笔优美意味着什么，又如何才能做到文笔优美？我以为，文笔优美一定是因为写作者有良好的语言修养，但更重要的还是有一份饱满的才情，有一种卓越的见识，有一种生命的温暖流于笔端，有一种雅致、醇厚的审美趣味充盈于字里行间。说到底，那是一种内心的力量。否则，仅仅是华丽辞藻的堆砌而无实质内容，就会成为令人生厌的为文造情，成为虚情假意的无病呻吟。因此，要使写作做到文笔优美，还是要从学、识、才、情上下功夫。文章是"做"出来的，"做成文章"的原材料莫过于写作者的思想与情怀。

4

教师与医生，都是服务于人的职业，前者主要是扬人之长，让其优势发扬光大，使学生（求教者）成为一个独特的人，一个时时可以感受生活的美与趣味并自觉地服务于社会的人，拥有一个不可替代的自我。而医生则是发现人的病患，并治疗其疾患，帮助病人解除疾病带来的痛苦，恢复健康，从而更好地享受生活、奉献社会。一个好教师就是人之典范，人之楷模，这是他之所以可以做教师的缘故；一个好医生则需要仁心妙术，对病人的疾苦有悲悯之心，而妙术则使他能"药到病除"。人们将教师和医生视为人类两个最神圣的职业，那就在于它们都需要良知在场。

5

对于所有为人父母的人来说，孩子成长得好，是一件特别令人欣慰的事。倘若孩子品学不佳，家长就会很苦恼。可孩子是家长的一面镜子，父母在事业和生活中的成功是孩子成长最重要的资源。怎样做一个称职的家长，这在很大程度上取决于家长是一个怎样的人。当然，作为家长，也还是有一些可以尽可能做得更好的方面。比如，多和孩子认真讨论生活中发生的问题，先听他说，然后有条理地表达你的见解，这可以起到引导他观察与思考生活的作用。在和孩子交谈时应尽可能使用准确和丰富的语言，并有意识地培养他细腻思考与精准表达的习惯。不要嘲笑和轻率否定孩子的观点，可以询问"你为什么会得出这样的结论"，引导他对自己的思维进行自我监控。

第三章
人生，才是最重要的作品

人是万物的尺度

1

教师在与人交往，包括与学生交往时，都应努力做到客客气气、彬彬有礼。教师总是礼貌待人，就可以大大减少学生故意捣乱，包括无礼冒犯的行为与冲动。其实，在所有社会生活场景中，友善和礼貌都有助于使人和人之间的关系更融洽与和谐。"多一句礼貌用语，增一缕人间春风"，此言不虚。中华民族是礼仪之邦，可今天我们无论是礼貌修养还是对道义的守护，都需要好好加强。

2

教师，尤其是大学教师，如果不能成为一个优秀的研究者，那至少要成为一个真正的读书人。我对"真正的读书人"下如下定义：第一，有十分丰富的语言积累，包括词汇与句式。第二，对社会生活和人类文明的基本概念有比较通透的理解，如社会、文化、自由、民主、公平、正义、道德、哲学、公民……而不是只知其一不知其二。第三，对某一领域的某个或某些主题有丰厚的学识积累——对人物、事件、流派、重要概念与命题、重要文献、历史沿革等能够了如指掌。第四，对古今中外发生的重大事件有能够自圆其说的立场与观点。第五，有比较系统的自觉表达，如写作的需要与习惯。

3

我反复强调这三点：第一，我们要为社会培养怎样的人，决定着我们用什么去培养和怎么去培养，这涉及方向与方法两个层面。第二，作为教师，首先是一个教育者，其次才是一门课程的教师，这涉及人师与经师两层境界：教师要促进学生知识体系的建构，更要引领学生幸福而有尊严地安身立命。第三，对于课堂，教学的效率是重要的，而比它更重要的是教学的灵魂，这涉及教学中的灵魂与效率两个元素。这三点也可以说是教育中的三对矛盾：方向与方法，人师与经师，灵魂与效率。

4

我有一个讲座的题目叫"教育的方向与方法"，力图表达的思想就是方向决定方法。任何事情都有"道、法、术"三个层面，教育的方向就属于"道"的层面；法，即法纪、法规、法度、法制，"学制"就属于法的层面；至于"术"，就是指具体的操作方法与措施。

5

什么是好的生活？当然我们可以提出不同信仰体系的人们最大共识的评价标准，但"白天有说有笑，晚上还能睡个好觉"这个说法还是很到位的。有说有笑，代表着开朗与开心。尤其是对已婚人士来说，和配偶"有说有笑"更意味着感情的亲密与融洽，也就意味着婚姻质量还不错。"晚上还能睡个好觉"则不仅意味着健康状况不错，也代表着内心没有忧愁与恐惧，工作、生活和人际关系等方面都没有过大的压力。

6

现在一些写手热衷于炮制"鸡汤"，其中充斥着矫情、似是而非的表达，虽不至于严重误导民众，但对于一些认知水平不高的读者，这些东西还是有害无益的。比如，网文《水深不语，人稳不言》有言："不要以自己的眼光和认知，去评论一个人，判断一件事的对错。"不以自己的眼光和认知，那以谁的呢？古希腊哲学家普罗泰戈拉就指出："人是万物的尺度。"这里的"人"既可以解释为"人类"，也可以解释为"现实的、具体的个人"。另外，像"沉默是金""难得糊涂""人稳不言"等，这是专制时代人们的处世伎俩，在民主社会中，我们要鼓励人们乐于、勇于、善于表达。当然，表达也要理性、客观、平和并充满建设性。

7

今天的中国不缺普通的劳动者,而缺乏行业精英和社会精英,更缺乏世界一流的头脑。要改变这种现状,除了需要彻底改革教育,加强精英教育的研究与投入外,也需要更多家长引导与督促孩子志存高远,追求卓越。现在的家长比较重视孩子的天赋、兴趣、需要与自主选择,这在一定意义上是一种进步。但人要在某一领域有卓越成就,光有兴趣是不够的,还需要持久的甚至艰巨的努力,这就需要远大志向与抱负的支撑。"志""趣"二者可以相互促进和相互转化,即"志"从"趣"生,"志"能生"趣"。我希望有更多家长能够鼓励孩子成为杰出人物。

第三章
人生,才是最重要的作品

你的思想,就是你的世界

1

如果把"理想"定义为目标、追求,那很多人都是有理想的人。但如果把"理想"定义为"一种超越现实的情怀",一种不那么急功近利的处世态度,有理想的人就不多了。作为一个好的教育者,需要有这种意义上的理想,否则他就会有一种市侩气,乃至俗不可耐。他或许有很好的教学生写作技巧的策略或数学推理的方法,但他不能以一种人格与气质去潜移默化地影响学生。而教育中最核心的却是人格的培育,这正是那些过于务实的、技术娴熟的教师无法做到的。

2

人的生活需要穿梭于一与多、确定与变幻、意料之中与意外、日常与突发、必然与偶然之间。如果只有"一""确定""意料之中""日常""必然",那生活会显得单调、苍白、乏味,那不过是生活了一天,然后又重复了若干天。但如果生活中有太多的"多""变幻""意外""突发""偶然",又会让人充满焦虑,有一种无所依傍之感。追求内心的安宁而非枯寂,鲜活灵动而非躁动不安，错落有致而非杂乱无章，就需要在一与多之间、规律与变幻之间取得一个好的平衡。这种平衡相互冲突的价值的能力就是生活的智慧。

3

一个人怎样才能变得富有？我的观察与体认是：①勤奋，勤于学习，勤于积累，勤于思考，热爱劳动，勤于播种与耕耘。要相信天道酬勤。游手好闲、好逸恶劳的人，必将贫困与潦倒。②惜物，即珍爱万物，包括自然界的一切和人类的创造物。节省物用，减少耗费，努力做到物尽其用，都是惜物的应有之义。③感恩，总是对一切恩赐——比如大自然的恩赐，对一切美好的存在，对所得到的一切，心存感激。④给予，能给予亲友，也愿意给予社会。当然，我们首先得界定何谓"富有"。你愿意并能够给予他人有价值的事物，即为富有。

4

一个人的精神世界有这样相互联系的三个维度：广阔与丰富（它相对于逼仄与贫乏），独特与深刻（它相对于平庸与浅薄），纯美与高贵（它相对于污秽与卑下）。要使精神世界变得广阔与丰富，相对来说，并不困难，只要勤于学习就可以：向自然学习，向书本学习，向他人学习，从自己的经历中学习；处理好学与习、学与思、学与问、学与行的关系，勤于积累，善于总结。要使精神世界变得独特和深刻，不仅需要良好的先天禀赋，也需要良好的思维训练。这是自古及今我们教育中比较缺失的，我们中的绝大多数人都应该在这方面补补课。而要使精神世界变得纯美与高贵，不仅需要良好的生存境况，也需要对生命境界的自觉追求。

5

古往今来，所有的思想家所力图解释与回答的问题，归根到底不外乎"人与世界的关系"。所有问题都可以包括在这一问题域之中。人，有个人，有人类；在个人与人类之间更有种族、族群、阶级、阶层、民族、国家、组织、社团、大众、小众……而世界可分为：自然世界，人文世界；外部世界（客观世界），内心世界（主观世界）；真实世界，虚拟世界……在一些语境中，"世界"一词有时可用"宇宙"、"国家"、"社会"或"人间"等词语来代替。个人与世界的关系，可概括为相互关联的两句话：你真正的生命，是你的思想；你的思想，就是你的世界。

6

"好为人师"语出《孟子》，《孟子·离娄上》中说："人之患，在好为人师。""好为人师"在人们的习惯用法中是一个贬义词，意思是喜欢当别人的教师，形容不谦虚，自以为是，爱摆老资格。不谦虚，自以为是，爱摆老资格，的确不太好，尤其对自己不利，因为它容易招致别人的反感。但"喜欢当别人的教师"，倒是有可取之处。特别是对于做教师的人，如果太过于事不关己、高高挂起，习惯于明哲保身，他也就很难做到诲人不倦。

为人生修剪

1

人生有很多面相:个人的健康与享乐,家庭与事业,亲人与朋友,社会与人类,永恒与不朽……有人能将各方面很好地兼顾,有人却顾此失彼。但不管怎样,自己觉得好就是真的好。别人无法代替你去选择,别人也无法代替你感受生活。百样人生,各美其美;酸甜苦辣,冷暖自知。有需要,却不强求;怀抱希望,却随遇而安;积极热情,却又淡定从容,这是很好的生命姿态。

2

我从自己的交往中悟到一个真理,更确切地说,是证实了一个真理:决定人生成败的不是智商,更不是学历,而是个人品格。铸就人生成功的品格包括:坚毅,持之以恒,百折不挠;勇敢而又审慎;独立而又体恤他人;诚实、正直,勇于承认自己的缺点与不足;勤于自我反思……那些没有好的个人品格的人,有的也曾辉煌过、风光过,但却不能长久,最终会郁郁寡欢、销声匿迹。而只有那些有良好个人品格的人,才会真正成为人生的赢家,他们是幸运的常青树。

3

我强调我们的教育要造就"有胆,有识,有情,有义,有趣"的人。一天,在公众号"冯站长之家"看到一个材料:有趣的人活得更长。原因是,有趣的人幸福感更高。美国哈佛大学一项研究发现,幸福感能增强人们免疫系统的抗病能力。有趣,就是一个人发现生活的美与趣味的能力。这需要一种平和与喜乐的心态,一种积极向上、乐观进取的生活态度。

4

个人修养,其实在很大程度上是注重对自己的情绪进行管理。负面的情绪就像一头野兽,不仅面目狰狞,而且可能伤及他人。如何消解负面情绪,就成了人们需要用一生去做的功课。我觉悟到人生的目标或意义就在于追求自己的人生所能达到的相对高度。所谓"相对高度"就是穷尽一生的努力所获得的成长度。因为,人们在出生时的起点是不一样的,有的人起点高,有的人却起点低。"成长度"这个概念标志的是"从起点到最终达到的高度之间的距离",它强调的是自我求取的价值与意义。

5

观念、行为、个性,这三者互为因果,相互生成,统一在一个人身上。观念影响行为,行为塑造个性;个性又会影响到对于观念的选择与采纳,行为不仅能表达并强化观念,也会受到个性制约。极端的观念导致极端的行为与个性,而极端的事物大多是不好的,比如极端天气。孔子说:"中庸之为德也。"《中庸》曰:"喜怒哀乐之未发,谓之中;发而皆中节,谓之和。中也者,天下之大本也;和也者,天下之达道也。致中和,天地位焉,万物育焉。"中和,包括、和善、和蔼、和睦……"和"就是温和,就是不走极端。

6

怨恨是人们所有情绪中最不明智的任性,因为它无助于问题的解决,伤害的只有自己。对他人的怨恨往往是由于背叛、辜负、委屈、羞辱或戏弄、误解等伤害所引发的消极的情绪反应。远离怨恨,除了良好的、充分的沟通,也需要学会宽恕、宽容与宽解。一个人如果能真切地理解到他人的不足与错误是他人的暗昧与不幸,那他就有了悲悯的情怀。这是很高的生命境界。

7

我的太太作为国际学校的校长多年。她在工作中会遇到各种各样的人:有的粗鲁无礼,有的无理取闹,有的偷奸耍滑……虽然只是个别的人,但都很棘手。我太太无论对待怎样的人,都始终保持自己的原则,不因对方的粗鲁而说话失了分寸,不因为对方的冒犯而心生敌意。按我的理解,正直,即对是非的判断优先于对利害的判断;而一个讲是非而不单纯讲利害的人,更能保持个人的尊严。她的模范行为给了我很多很好的影响。

人生才是最重要的作品

1

有一种生活哲学强调"重要的不是生活得最好，而是生活得最多"，我认同并身体力行这种生活哲学。人生最为宝贵的财富就包括体会到生命的千般情愫、万种滋味。一个生命体验贫乏的人，不可能拥有丰富的心灵与深刻的思想，而且对人的移情性理解的能力也会较差。教育中要重视学生获得生命体验的机会，并有将个人经验概念化的意识和能力。

2

在我们的所作所为之中，有一件很有价值的事就是成就自我。"成就自我"意味着充分发挥个人的潜力，彰显自我的独特性，提升生命的境界，让人格变得丰满。因此，"获得成长"就是我们付出的努力所能收获的比较有价值的回报。成长一定离不开学习。学习的品质愈高，对个人的成长意义就愈大，高品质的学习被称为"自主学习"，即"自我导向、自我激励、自我监控"的学习。

3

每个我第一次到访的地方，不管它是发达或欠发达，也不管它是否有名胜古迹，山水是否秀美，我想它都是这颗星球上唯一的一个地方，因此我都有一种喜不自禁、人生豪迈的内心体验。我很享受这种情感体验。人生有各种各样的成就，如学术成就、创作成就，还有一种成就叫人生成就。人生有各种各样的作品，如书法作品、科普作品、文学作品，而人生本身就是最为重要的作品。

4

人生有诸多的享乐。感官享受是最普遍也最易获得的。美食，美景，美乐，美色，都能带给人愉悦和享受。更高级一点的享受是由爱情、亲情、友情带来的，无论是甜蜜的爱情，还是其乐融融的天伦之乐，抑或是情投意合的友谊，都能带给人美好的感怀。我个人的体会，人生最高级的享受还是由创造带来的。无论是科学或艺术的创造，还是理论或工艺（如建筑）的创造，最能带给人醇厚、绵长的回味。因此，开发人的智慧潜能，唤醒与张扬人的创造意识，培养人的创新能力，也就是培养人创造幸福人生的能力。

5

只要在家，我的时光多数就是在歌声中度过的。在歌声中感受，在歌声中思考，捕捉歌唱中美好的情愫，想象歌词中描绘的景致……我是真正的"好日子天天放在歌里过"。我相信,一个热爱歌唱的人,内心不会孤寂;一个热爱歌唱的人,会陶冶出细腻而丰富的情感;一个热爱歌唱的人,不会有太多负面的情绪。我提出的学校文化的十二字真经——"笑声朗朗,书声琅琅,歌声朗朗",它带着生命的温度。

6

人生的乐趣在于不断地开拓生活与追求自由。"读不曾读过的书,识不曾识过的人,去不曾去过的地方,说不曾说过的话。"那些能够带给我们视界融合的书就是值得读的书,那些有着独特而风雅灵魂的人最值得去亲近,那些摇曳着亮丽风情的地方最值得去游览,那些令人回味、发人深省的话最值得说。对个人而言,人生的一切几乎都是限量版。当你能阅读、能交往、能行走、能表达时,就勇敢无畏地去自适己意吧。

人与人的差别即价值观的差别

1

从某种意义上讲，人与人的差别即价值观的差别。那价值观的差别又在哪里呢？在价值元素的排序下。我现在的价值排序大致如下：健康长寿、享乐、奉献、创造、追求永恒。奉献就包括对亲人朋友的关爱与给予，对社会公平、正义的守护。认识自我，一定包括对自己价值排序的自觉。我的这个排序没有伪饰，这说明我既非圣徒，也不仅仅是一个成熟的公民。

2

健康与长寿是人类亘古不变的追求，也分别排在我的价值序列的首要地位。健康与长寿相关，一个人健康状况好就更有可能长寿；健康地长寿，长寿才更有价值。有研究发现：一个人的健康与长寿，遗传的影响占到25%，环境的影响（气候、空气质量、噪声污染等）占到15%，生活方式的影响占到60%。当然，这也只是概率统计的结论，但也说明：对于我们的健康与长寿，我们有很大作为的空间。中医讲养生，强调四点：①童心。我对此概括为：知足常乐、活在当下、充满好奇、天真无邪。②蚁食。

不要吃得太多、太快，讲究膳食平衡与食物多样化。③龟欲。清心寡欲，避免由于贪婪所导致的焦虑、烦恼与压力，看淡名利得失。④猴行。多运动，尤其多走路。几年前，我看过一则公益广告：多乐多笑，益寿之道；气大伤神，多食伤身。养生无非三点：心态、饮食、运动。乐观开朗、健康饮食、快乐运动，一定有益于健康长寿。

3

我的价值排序中紧随健康与长寿之后的是享乐。我不欣赏苦行僧式的生活，我对为实践某种信仰而实行自我节制、自我磨炼、拒绝引诱、忍受恶劣环境的人充满敬畏，却不打算效仿。我贪图现实享乐。这就需要捍卫自由。我推崇自由，不是基于抽象的价值理念，而是基于切身利益。我以为自由探索、自由行走、自由言说、自由交往等都能带给人享乐。享乐有时会伤害健康，这就需要取舍与平衡。我既不欣赏禁欲主义，也不欣赏纵欲主义，包括及时行乐。我主张过有节制的生活。

4

人们一切自觉的行为，都是为满足自我的需要。人与人的差别仅仅在于需要的层级的差别：需要的成分，强烈程度，以及排序的先后。奉献，在有的人的需要层级中是缺失的，在有的人的需要层级中很微弱或很靠后。在我的价值排序中，第三位是奉献。一个人有没有奉献的需要，反映他的发展程度。奉献就意味着你可以不求回报地给予别人有价值的、好的东西。奉献带给人的自我评价的提高，包括富有感、认同感、满足感。所以，真正的奉献，从来不会张扬，也不需要谁的表彰与奖励。有奉献需要的人，是幸运的，是幸福的。

5

我热衷旅游，一方面是为了享受生活：旅游之前对远方的向往，旅游之中的种种感怀，旅游之后的点滴回忆，都是不同况味的享受。另一方面是为了创造。一个人要创造出有价值的东西，取决于许多因素，其中就包括眼界与见识。而眼界的开阔与见识的增长，光靠阅读是不够的（尽管阅读或许最为重要），还需要"亲历亲为"。创造，是一个人才情、学识与智慧最集中的一种体现。人类文明的进步得益于许多个人的创造、发现与发明。我们应该对有创造能力的人倍加关爱，呵护有加。一个人有对创造的需要，是创造力发展和提升的一个条件。我们来到这个世界，我们注定是消费者，可我们能不能成为生产者，尤其是知识生产者，思想、科学、艺术的创造者，这在一定程度上取决于我们的自我求取。

6

曲比阿乌是彝族女子，也是我喜欢的歌唱家。她唱的《索玛花开》，歌词朴素、直白："美丽的姑娘哟，你爱哪一个咯？千千万万姑娘哟，哪个有你好嘛！英俊的小伙哟，你爱哪一个咯？万万千千小伙哟，哪个有我好嘛！……"这首歌的旋律欢快悠扬，令人百听不厌。民歌绝大多数都是歌唱爱情的。的确，在人类的情感世界中，最令人向往、最令人刻骨铭心的还是爱情。一个人能否享受爱情，这取决于心性的修养，但没有任何一门课程可以简单、快捷地教会一个人享受爱情。它是一个人的造化。

闲与忙

1

一个人"自我"的程度与对自由的追求强烈程度之间有很高的相关度。所谓"自由"的一个基本规定,即"由自"而非"由他","自主"而非"他主"。自我也罢,自由也罢,都有代价。其实,凡事皆有代价。曲意逢迎、逆来顺受,也是有代价的。差别仅仅在于个人的价值排序。我相信,一个发展程度比较高的人,人生的境界也会比较高。其实,每个人都想自我,但不是所有人都有自我的底气。

2

一个人的出身就是一个人的宿命:它决定你一生甩都甩不掉、不得不接受的许多东西,如社会关系。有的人,个人品质很坏,可他与你有着直系亲属关系,你改造不了他,更不可能从肉体上消灭他。你想疏远他,可有种力量让你放不下,因为血缘让你们打断骨头还连着筋。我们能看到一个人的一颦一笑,却看不到他的内心世界,也难以了解他的爱恨情仇,因为你看不到他那些隐匿着的社会关系中的许多人。

3

我以为,"现身说法"是一种比较有效的教育方式。"现身说法"这个词最早是佛教用语,意思是佛能够随一切有生命的东西现出种种身形来说佛法,后来比喻用亲身经历作为例证来说明道理或劝导人。教师自身的发展程度决定着他教育力量的大小:作为教师,你的待人接物、为人处世,你的研究与探索,你的才情与技艺,你的措辞与表达……无一不是教育资源。常言道:巧妇难为无米之炊。更何况,你所知不多,所能十分有限,发展程度就不高,离"巧妇"都还差得远,教育力量自然就会很薄弱。因此,教师需要始终把发展自我放在重要位置。

4

家长可以也应该时常表达对于孩子通过努力可以达到的比较高的期望。注意,不是过高的、怎么努力也达不到的目标。或许有人会说,我不要向孩子表达什么较高的期望,他平安、健康、快乐、幸福就好。殊不知,一个发展充分的人,对生活的满意度会更高,会在生活中产生更多积极的体验。家长表达对孩子通过努力可以达到的较高的期望的合理性就建立在家长对孩子的了解以及平时良好的沟通上。这个比较高的期望是孩子成长的方向与动力,而非压力。校长对教师,教师对学生,也应如此。

5

从教学一线涌现出的许多优秀教师,他们有自觉的教学追求,对教育也有自己的理解与主张,这是很宝贵的。探讨、总结乃至研究他们的教育贡献是有意义和有价值的。但我不认同对他们的思想、主张、做法一味地拔高,过度地包装,尤其是过度地吹捧。因为,这样违背科学精神,对实践也可能产生误导。

6

人生的高度影响着我们对万事万物的评价与态度。何谓"大",何谓"小",何谓"好",何谓"坏"……通通都会受到它的影响。"能闲世人之所忙者,方能忙世人之所闲。"什么令你驻足,什么令你萦怀,什么令你辗转反侧……这一切,仍旧取决于你人生的高度。因为,随着你人生高度的提升,你观照世界的参照系统都会发生变化。

幸福是一种态度

1

提升教师书卷气的有效途径,除了读书以外,大概就是写作了。写作最能体现一个人的综合素质。

具体地说,写作对于教师有以下五个方面的意义。第一,写作能够提升教师的阅读品质。第二,写作能使教师更加用心地去品味生活,洞明世事,去捕捉工作中、生活中有意味的信息和现象,自觉地去积累学识和生活阅历。第三,写作能帮助教师梳理思绪,使教师的头脑变得井井有条,使个体经验概念化。第四,写作能帮助教师深化认识。第五,写作能帮助教师提升口头表达的品质。第六,写作能提升教师生活的品质,使教师更具有成就感。

教师,拿起你手中的笔吧,有意识地去创作,把你的感动、困惑、成功的探索、希望与梦想变成文字,写成文章。你会发现你的气质、情怀、内心世界,慢慢地,变得纯净、澄明,变得细腻和丰富。我相信,真诚的文字,能够将平淡如水的岁月定格为永恒。

2

教师要向学生传递这样一个信息：学校教育不是通往上流社会的阶梯，而是通向智慧的道路。成功不能用金钱和权力来衡量，成功更意味着建立有爱的关系，增长个人才干，享受自己所从事的职业，以及与其他生命维系一种有意义的联结。仅有事业成功只能算成功了一半，唯有兼顾事业、家庭、人际关系、个人成长等其他层面的和谐才是真正的成功。成功也许就是人的自我满足和心灵充实，还有小小的成就感吧！乐观地面对困难，积极地行动，人在地上行走，心在天上观望，这又何尝不是成功的人生？

3

运动场是道德的一面镜子。在这里，果敢与迟疑、勇敢与懦弱、坚毅与气馁、积极与被动、粗野与文明，都能得到最充分的体现；竞争与合作、沉着与机智、同情与关爱，诸多品质得到培养。在体育比赛中，不论是胜利的宠儿，还是不幸的失败者，均深刻地体验着喜怒哀乐。在参与与逃避、个人与集体、循规与投机的种种矛盾中，培养了他们坦荡开放、光明磊落的品质。在激烈对抗中，面对对手与困难时，在胜利与荣誉到来时，在面对挫折与失败时，在受到嘲笑与不公平对待时，他们学会了冷静、隐忍和理智。体育竞赛为人们创设了一种情境，并在其特定的氛围中考量人类的能力，包括协作精神、集体观念、心理承受力、公平意识、精神修养、道德意识。

第三章
人生，才是最重要的作品

独处

1

一个人的一生中,除去必须由他人照看的婴幼儿时期,以及卧病在床需要精心护理的时候,可能都需要或只能"独处"。也就是说,独处是人们最惯常的生存状态。"独处"的反义词有"共处""群处""群居",这似乎不够,还要创造一些新词来描述,比如"群聚""众会"。当然,"集会",也可以作为"独处"的反义词。

2

当我们独处时,不会无聊与空虚,反而可以享受孤独,吟咏内心,"人充满劳绩,但还诗意地安居于大地之上"(荷尔德林),这在很大程度上决定着我们的生活品质,乃至生命的质量。

要做到这一点,需要建设丰富而强大的内心。我们不妨把这项事关个人幸福、可以持续终身的"劳作"称为"心理建设"。这个概念有助于丰富我们对个体发展与成长的内涵与路径的描述。教育,尤其是基础教育,可以用"心理建设"来聚合、统领、梳理各种教育资源和自觉的努力。当人们凝神聚力于"心理建设"

时,我们就找到了"为学生的幸福人生奠基"的那个"基",那个着力点。

在这一过程中,需要从全人类创造的精神财富中汲取营养,来构筑我们丰富、和煦、强大的精神世界,即如何在人类智慧与个体经验之间作一个鲜活的、丰富的和牢固的联通。

3

中国古训中有"群处守口,独处守心"。这不仅仅是提高德行修养的箴言,也是处理群己关系、致力于自我"心理建设"的不二法门。

"守口",意味着慎言,包括不要口无遮拦、高谈阔论、夸夸其谈——这不完全因为"言多必失",还因为要学会倾听,并需要给别人表达的机会,更不要搬弄是非、恶语伤人。一个讲求体面的人,在公共场合,都应该诚实、谦和、客观、公允、措辞精当地表达。

至于"守心",首先,要对生活的"真相"了然于心:它往往是泥沙俱下、鱼龙混杂的,鲜花与荆棘并存,赞美与诋毁同在……因此,不必苛求完美,必须接受生活的瑕瑜互见。其次,要有积极光明的心态,理解因而极少抱怨,珍惜因而鲜有冷漠。岁月,因懂得而流光溢彩;时光,因感恩而美好厚重;生活,因知足而安闲温暖……最后,在有所执着与随遇而安中寻求平衡,既坚守理想,又笑傲江湖,认真并通达地生活着。"守心",其实就是"不忘初心、顺势而为,日拱一卒、久久为功"的心理建设。

投资你的人生

1

有个短视频的内容为"人生最值得的五大投资"——用运动投资健康,用自律投资形象,用真心投资关系,用学习投资能力,用善良投资人品。我认为讲得很有道理。

运动与健康的关系,尽人皆知,重要的是养成习惯。

自律与形象,不仅是节食减肥,还有很多,比如,不为过嘴瘾而夸夸其谈、信口雌黄、以讹传讹,而是养成严谨、求真务实的品格。

待人真诚,其实是智慧——你不会低估别人的判断力,不仅可以将心比心,还能坦荡磊落地待人接物。

一个人的发展与成长,永远离不开学习——学习的途径与内容多种多样,重要的是你要有学习的自觉意识与内驱力——不妨常常问自己:我今天又有什么觉知与长进?

善良,其实就是希望自己好,也希望别人好。"你希望别人好,别人未必就好,但说明你好;你希望别人不好,别人未必不好,但你肯定不好。"这句话又一语中的。健康、形象、关系、能力、人品,都是人生的"硬实力",每一天都可以让它们变得更好或更强。

2

把我们所有的付出都视为一种"投资",虽然有功利的一面,但也有提高人生努力的自觉意识的价值。从整体上讲,好的人生大概率是努力奋斗(包括经营)的结果。

投资,它是一个经济学术语,就是一种很自觉的经营行为。一个得过且过、浑浑噩噩的人,要有灿烂、辉煌的人生几乎是没有可能的。每一天都可以问自己:我今天的投资是什么?有怎样的收益?

当然,不必急功近利。有的回报不会立竿见影,但付出都会有回报——"一分耕耘,一分收获""没有白走的路"。这可以作为人生信念。

有人也许会说:人生要那么灿烂、辉煌干什么呢?这就涉及人生观、价值观的问题了。安于现状、混吃等死,那也是一种生活状态。但如果我们扪心自问,我相信绝大多数人还是更希望、更热爱、更向往灿烂、辉煌的人生。这背后就是千百万年来人类进化的伟大成就:人性中光辉灿烂的一面。

3

在工商领域中的投资,投资人常常很难保证稳赚不赔,因为市场有风险,会有一些始料未及或不可控的因素。竹篮打水、血本无归的商务投资并不罕见。但上述人生的五大投资,基本上都是稳妥的,尽管真诚遭受背叛、善良被人利用的事也时有发生。

但人们任何积极的、具有建设性的行动,都要力戒因噎废食。因此,在推动我们的行动中,"信、望、爱"就特别重要。

第三章
人生,才是最重要的作品

如果我们不能坚定信念与信心，不能怀抱希望，总是瞻前顾后、患得患失，如果我们缺少爱、热情与责任，舍不得投入与付出，会很难有个人的发展与成长，也自然很难有灿烂美好的人生。

4

运动，只要持之以恒，并适当注意方法与运动量，就会有积极的作用。自律，其实是一种很重要的品格，即不放纵自我，过有节制的生活，也一定会有助于保持良好的个人形象。嗜酒好烟的人，纵欲过度的人，气色都不太好。

至于"真诚"是不是就一定会有好的人际关系，似乎更为复杂。在人际关系中，没有真诚是不行的，仅有真诚是不够的：能不能建立起具有建设性的关系，既取决于你拥有的社会资本、经济资本、文化资本，也取决于你的人格特质——是不是具有尊重、宽容、体谅、热情和乐于助人等品质。

有人说，"穷人是没有朋友的"。这话当然很偏颇，你也可以从生活中找到一些反例。富人，更容易获得朋友。这背后有一个原因就是，富人不需要借钱。当然，没有朋友，尤其是没有真正的朋友的富人，肯定也是有的。只是从统计学的意义上讨论，上述两个命题才成立。

我有必要声明一下：从世俗的意义上来讨论，我既非穷人，也非富人，比较靠谱的说法是中产阶级。还有一点，从学习到能力的提高，其间也有诸多变量：学习者的天赋、已有的知识基础、学习内容的性质、怎么学习、要发展何种能力，等等。因此，有效的学习的发生，也是有赖于个体智慧的。

第四章
生命在于表达

在社会生活的很多方面，做得好固然重要，但说得好同样甚至更为重要：做得好可以以身示范，而说得好，可以超越时空的局限给更多的人以忠告、启迪与指引。

文章，天下之公器

1

《论语·述而》中说："志于道，据于德，依于仁，游于艺。"今天，我们应该赋予它这样的含义：立志与真理为友，"朝闻道，夕死可矣"，崇尚认识与探索的兴趣，由此形成并具有内在的德行，"德者，得也"，知行合一，做任何事都要顾及他人，尽可能不要伤害到他人，有仁爱之心。最后才能从从容容地感受、发现和享受人生的美与趣味。在我的字典里，伟人不仅指建功立业、叱咤风云的人物，也包括有"道德仁艺"这样伟大人生的人。

2

经常在一些杂志上看到全国各地优秀中小学教师的简介，其中包括"最爱读的书"一栏，多数教师写的是外国的教育名著，最多的要数苏霍姆林斯基的《给教师的一百条建议》。我认为要提高教育素养，还是读新近出版的比较优秀的书更好，比如《成功教师的教育策略》。毕竟，今天的学者是站在前人的肩膀上的。

3

一些人把《易经》《黄帝内经》捧得很高，吹得很神，我怀疑他们的动机，很有些"皇帝的新装"的味道。《易经》这类东西是早期先民对世界的认识成果，我们作为中华儿女，在知晓文化发展脉络承续的意义上，了解它很有必要；但如果有人非要说它有如何博大精深的智慧，就恐怕是另有心机了。我就不信儿童对世界的认识会比成年人更深刻，尽管儿童偶尔会有令人惊喜的言辞。

4

《爱因斯坦全传》一书，值得喜爱人物传记的读者珍藏。爱因斯坦是一个魅力非凡的人，他拥有人类深刻的大脑。他对自然的探索，高深到一般人都理解不了；他对于人类社会的许多见解，也十分深刻。他无疑是有史以来深刻地影响了人类文明进程的一个人，人们都应该对他有更多的了解和更崇高的敬意，这将有助于在人们心中培植起对探索、对科学的浓厚兴趣。

5

英国历史学家汤因比在《历史研究》中提出"挑战与回应"的理论，来解释文明进步的动力。一个文明的进步有赖于共同体内部或外部环境的支持。来自共同体内部的，如阶层冲突，部分民众对民主、自由的吁求，但这种挑战既不能过强也不能过弱。

过强会压倒乃至湮灭一个民族的文化创造力，过弱又不能激起这个民族回应的生命力。一个民族如此，一个人也是如此。养尊处优易成纨绔子弟，过于贫困又只能为生计辛劳，发展就很困难。教师应给孩子适度的挑战，让他们去历练，从而获得成长。

6

林语堂在《人生不过如此》中说："从某种程度上说，人生不完满是常态，而圆满则是非常态，就如同'月圆为少月缺为多'，道理是一样的。如此理解世界和人生，那么我们就会很快变的通达起来，也逍遥自适多了，苦恼与晦暗也会随风而去了。"何谓圆满，何谓残缺，人们的理解不尽相同。个子不够高，不够英俊，错过了某个人或某个机会，等等，都是不圆满。但我对人生的感受是，人生充满了缺憾，却仍旧十分美好。

7

"学问文章之气，郁郁芊芊，发于笔墨之间，此所以他人终莫能及尔"，这是苏轼关于主张文重气质的表述。文贵情真，有真情自有气韵，这种真情来自对道义的坚守。"文章，天下之公器，万世不可得而私也；节义，天下之大闲，万世不可得而逾也。"文章有正气，才会有一种凛然的风骨，才能让人肃然起敬。

我手写我心

1

面向心灵和历史写作。我会一如既往地用心经营我的文字：那千千万万的文字，就像我精心培养成长起来的将士，我指挥着千军万马，奔赴热血疆场。我捍卫着他们，他们也捍卫着我的心灵。每个人的造化不同，或许我的心灵还不够丰富、不够深刻、不够纯净，但她仍是我唯一可以真诚拥有的心灵。我始终不渝地忠实于她。"我手写我心"，哪怕有点狭隘，有点肤浅。我展示着她，并为她骄傲。我在写作中自觉地向无尽的未来传达真实的信息。我力图让我的文字能够经受得起历史的检验。面向心灵和历史写作，这就是我今后人生的方向、努力的目标。

2

为自己创造更多有意义的交往。有意义的交往的广度与深度，在很大程度上影响着一个人发展的广度与深度。人的一生，无非是生存、发展与享受。和很多人一样，对我而言，生存不再是问题，而发展与享受却需要持续终生。交往，有着丰富的内涵，它既包括现实的人际交往，也包括"读万卷书，行万里路"：你能否走进一颗丰富、深邃而高贵的心灵，你是否能体察一个生命的爱恨情仇，你能否感受异域的风情……所有这一切都需要自我去求取。而感受到自我的成长、发展，可能是我能体验到的最高级的享受。不断地开拓生活与追求自由，体验与观照更广阔的世界，在渐渐老去的年华里不断地行走在温暖的大地上，这就是我的追求。

3

对于我们身边的人，我们可能特别熟悉，抬头不见低头见，见面了礼貌客气，偶尔也寒暄几句。但我们真的了解他们吗？一些人的本来面目只有在特定情境与场合才会表现出来。比如，你说什么，看上去与他无关，但可能某句话就戳到了他的痛处，他会很不舒服，很反感。先人反复告诫我们要谨言慎言，历史上"因言获罪"者不乏其人。但如果一个人因怕得罪人就不敢说自己想说的话，活着又究竟为了什么呢？当然，首先要正心、诚意，公开说什么尽量不要有歪心思。如果心术是正的，只是由于认识能力和认识方式不够有水准，掌握的资料和情况不够准确、全面，即使你说得不妥当，有修养的人也是会理解和原谅的。每个人都能敞开心扉，我们就更容易达成共识，众志成城。因此，敢于表达，对个人与社会文明的进步都具有意义。

4

现在的孩子对什么礼物好像都不以为意，收到什么礼物都很难激发出内心的惊喜与热爱，也很难有我们小时候有过的心驰神往。这究竟是好还是不好？或者无所谓好或不好？不过，依我个人的成长经验，他们会缺少许多内心的情感体验。小时候，我们盼望过年，盼望穿新鞋、新衣裳，盼望有亲戚来家里做客，盼望去吃喜酒……有很多的盼望，很多的憧憬，有时还会因为欣喜而夜不能寐。而现在的孩子很少吃苦，以前我们要走很长一段路去买并扛回一件笨重的家具，现在生活太便利了，这样的事几乎不存在。我觉得在青少年时期吃点苦有好处，它会让你今后的日子总有甜美的感觉。这或许可以解释为，当那种"苦"成为背景，而这之上的甜就会被放大。

5

不少人看到过这句话："我们最大的错误就是把最差的脾气与最糟糕的一面都给了自己最亲近的人，却把耐心与宽容给了陌生人。"我以为，此言差矣！首先，以耐心与宽容对待陌生人，是有修养的表现，也是建设一个温暖、和谐的社会所必需的。其次，有坏脾气，即使在最亲近的人面前都不掩饰自己糟糕的一面，也不能视一个人为没有修养的人。夫妻关系是人类社会中最为亲密的一种关系，要使婚姻生活长久地保持高品质，夫妻双方除了要有相同的价值观，还有非常重要的一点，就是要维护和保持在对方心中的美感。人是自然界的一部分，人所具有的生物性，有美的一面，也有不那么具有美感的一面。如果因为亲近就不珍惜美感，彼此的吸引力就会大大降低，严重的还会"相看两相厌"。

第四章
生命在于表达

能写好文章的人,几乎万事可做

过去,人们将没上过学也不识字的人定义为文盲。后来,联合国教科文组织将文盲定义为没有学会学习的人。今天,我认为应该将文盲定义为不会写文章的人。写文章是一种复杂和高级的智力劳动,它需要人们有一种创造性的构造能力。

写作能力是一个人语文素养最高和最集中的体现。一个人能够把文章写好,说明他布局谋篇、取材选材、起承转合、遣词造句这几方面的能力都不错,也说明其观察世界、感悟人生、概括提炼的能力都很好,学识的积累也比较丰富。语文教学中特别要强调"为写而教":在阅读教学中,让学生时刻意识到"比作者表达了什么更重要的是作者是如何表达的",哪些地方值得我们模仿和借鉴。练习写作与练习书法类似,要从模仿开始。模仿多了,许多技能,实际上就是缄默的知识,也就在潜移默化中掌握了。

一篇文章要倡扬什么,否定什么,要赞美什么,鞭挞什么……这就是文章的主题、立意,即文章的灵魂。而用以表现、说明、阐发文章主题的材料,即写作的素材。它主要来源于作者的生活积累和学识积累。如果说立意是火种,素材就是原料。我们可以从原料中提炼出"火种"。素材同时也是"燃料","主题(立意)"这个"火种",要借助于"燃料",才能将星星之火变为燎原的熊熊烈火。

诗人张文君说过,写作会培养人的自恋。从我个人的体验来看,这个结论基本上是成立的。倘若所有人都是如此，至少利弊参半：自恋与悦纳自我高度相关，而过于自恋常常会让别人不舒服，降低自己受欢迎的程度。写作何以会使人自恋呢？准确地说，只有带有艺术化风格的写作才会具有这种功能。所谓"艺术化风格的写作"，即讲究文章的文脉、气韵和语感，讲究布局谋篇、起承转合的写作。所以，真正的写作区别于码字，也区别于拷贝与拼凑。

有许多同人都以不同的方式表达过对我文字的喜爱，我相信这不是客套与恭维。我就很喜欢自己的文字。我写出来的东西，我自己都读过很多遍。道理或许就在这里：你写出来的东西，自己都懒得看，希冀别人喜欢，这可能吗？在写作上，更广泛一点，在表达上，讲究一点文脉、气韵与语感，会增加表达的感染力。"让理想照亮现实"，这个表达是谁的原创，我没有查证，但觉得很好。理想是有光辉的，而现实都往往有种种局限和残缺，理想作为参照，有助于人们认清现实，并明确努力的方向。我在天津的一次讲话中，引用了它，并加上了一句："让信念夯实追求"——当我们有信念时，追求就会变得坚定、执着，并有源源不竭的动力。这样，意思丰富了，表达也更完整。当然，表达准确永远要摆在第一位。

我认为，夸张点说，优秀的教师，几乎百事可做。还有，能写好文章的人，几乎万事可做。前者是因为，一个优秀教师一定在智慧与品格包括在个性修养上，都很卓越。这样的人，自然可以胜任许多工作。后者是因为，能写好文章，学识积累、生活积累和复杂思维的能力都一定很好，很多工作自然都不在话下。这两个命题有交集，并能得出如下命题：优秀教师大多是善于写作的人；善于写作的人，至少文科的教学都能比较好地胜任；鼓励教师写作，有助于他们的专业成长。

第四章
生命在于表达

写作：最重要的是真实

1

关于写作，无论长短，都需要有一个点。这个点，就是中心，就是文章的灵魂，或者说是主题或立意。围绕这个点，可以也需要有些铺陈，有些发散，有些闲笔，但始终要凸显、顾及这个点。

写作技巧性强的体裁尤其需要注意这个问题。否则，文章就会显得松散乃至凌乱，就会出现多中心而显得意多文乱。

学术论文的写作同样有这个问题，只是学术论文要有文献意识，要讲证据的可靠性，要引证更要论证，要渗透历史意识，要给人真实、客观的确信感。

2

将日常写作提升为创作，同时作为思想性的表达，不同于小说或童话创作，最重要的还是真实。

"真实"有如下的对立面：

①混淆视听，颠倒黑白，指鹿为马，以讹传讹；
②虚情假意，故弄玄虚，夸大其词，哗众取宠；
③凭空杜撰，主观臆测，捕风捉影，道听途说。

写作者要做到表达的真实，首先，要有力求真实的科学精神：以求真务实为荣，以虚张声势、故作惊人之论为耻。其次，要力图"亲历亲为"。最后，要掌握正确的思想方法，包括科学研究的方法。这样，对事物的描述、解释和预言才会有较高的可信度和公信力。

3

有朋友对我说："看过您不少评论，很准确、很温和。"以前，不少反馈是说我的言辞犀利。我的体会是犀利与温和两种特质难以兼备。当然，可能会时而犀利，时而温和，因事而异。但犀利和温和都不是我要自觉追求的，我自觉追求的是真实。

真实，不一定就善，也不一定就美。但缺少了真，善就会成为伪善，美就会成为欺诈。我始终相信，一个人的真实展示，至少更有认识价值。

写作：聚积人生的风景

做任何事，若能够做到"至少有一个人受益而不会有人因此受损"，就是有价值或有意义的。写作，就可以是这样的事情。至少，它可以是作者自己情绪的宣泄或思绪的梳理，它可以是重要信息的记录或积累，它还可以是自觉的创造或启蒙……它可以聚积人生的风景、让惊艳的瞬间定格为永恒，写作的过程也可以是沉醉而充满劳绩的快乐时光。

1

写作，始终都应该想着并努力做到"有意义、有意味"的表达，向读者传递有价值的信息——要么让人耳目一新、茅塞顿开，要么沁人心脾，让人如饮甘醴——如果能振聋发聩，让人拍手叫绝、回味无穷，那效果就更好了。

勤于写作，并不能保证写作的人就一定能成为作家或学者，但它会让人变得更具理趣和（或）情趣，更有学问修养，并有可能让思想澄明、视界澄澈、内心澄静。

2

小到短札、随笔,大到鸿篇巨制,其实都可以是安放"心意"在其中的"建筑物"。这些"建筑物"大小不一,功能各异,品质也很不一样,但我们可以很用心地在每一个"建筑物"中放置一些熠熠生辉的"珍宝"。它可以是一个耐人寻味的命题,一个拍案叫绝的比喻,也可以是对人性、物理的以小见大、洞幽察微,还可以是妙趣横生的叙事,更可以是有着强大的逻辑力量的推理。在我看来,有这样的珍宝,是一个人拥有的最令人向往与自豪的人生成就。

3

如何创造更多的这类"珍宝",古今贤达给出了很多妙方,如"读万卷书,行万里路""交四方友,找知心人"……观察、记录、试验、实验、调查、访谈、文献检索与梳理、训诂与考据、测量与统计……没有一种方法可以"包打"天下。一种方法是不是灵丹妙药,要根据人们所需要解决的问题和对问题做出的解释及假设来确定,而且通常需要综合运用多种方法。中国传统文人在"实证""量化分析""实验室实验"等这一套科学研究的方法上,几乎可以说毫无意识与素养,这极大地局限了他们探索的领域与主题,也极大地局限了他们求证(验证)真伪、对错的意识和能力,进而极大地限制了他们思想与心灵的高度、深度、广度与厚度。

出身与努力,哪个更重要?

网络上有个讨论:"对人而言,是出身重要,还是努力重要?"这是一个很好的问题。

如果出身可以选择,我估计绝大多数人都希望自己出生在富有、高贵的人家,而不是贫困、社会地位低下的人家。因为与出身相关的社会资本、文化资本都会极大地影响一个人的发展。

人与人之间是有竞争的,而这种竞争是代与代之间的接力赛:如果父辈的发展程度比较高(包括物质的、精神的),子女发展的起点也就会比较高。

但人生的残酷就在于:出身是无法选择的。当你出身寒门的时候,唯有努力,唯有"背水一战",因为你无所依靠。许多出身贫寒的人最终拥有了人生的辉煌,在很大程度上是努力的结果。

其实,人生需要努力,这也是一种意义上的财富。倘若出身卑微,又不肯努力,就只能在社会底层了此一生了。

即使你有这样那样的幸运,如果精神的发育程度不够高,再多的意外之财你也会无福消受。而出身特别好的人,由于不肯努力,成为阿斗式的败家子也不少。

因此,我的结论就是,不管怎样,都要努力。

有的人即使从内心深处确认了努力的重要性,却不知道从何处着手去努力。

每一个人的处境不一样,努力的着力点就不尽相同,但以下几点是几乎所有人都可以尝试的。

一是尽可能地丰富你的词汇量，改进你的语言表达。

词汇量的丰富，在很大程度上也意味着知识的丰富，甚至是内心的丰盛。贫乏的内心就很难具有力量与勇气。语言表达很枯燥、空洞，人家就不会太有兴致与你交流，你也就会错过很多机会。

一个人能不能靠思想赢得人心，在于其思想的高度与深度，而思想总需要通过语言来表达。

我深信"语言的奇迹会创造生命的奇迹"。有的人道貌岸然地说些言不由衷的话，终究不过是自欺欺人罢了。

二是对共处情境中的他人的表现做出恰当的、得体的回应。

我们生活在一个"人的世界"，几乎每天，我们都不可避免地要与人打交道。在我们与人共处的环境中，有的人表现优秀、卓越，对其喝彩、表达敬意是回应；有的人表现不佳，破坏了公序良俗，我们也可以提醒或出面制止。在课堂上，每一个人都在对他人的表现做出主动的、友善的回应，这样才有利于我们创造安全、和谐、融洽、温暖的课堂氛围；在会场，需要对主讲人传递的信息予以表情回应，包括专注地听；在许多场景，要对别人提供的帮助或恩惠表达真挚的感谢，对给他人造成的困扰或不便表示歉意……

如果有更多的人在这些方面做出努力，我们社会的文明程度就会提高。

三是努力避免学习的浪费。

我们人生中永恒的一个主题是成长，而成长一定离不开学习。读一本书，看一篇文章，欣赏一部电影，甚至是听一首好听的歌曲，都需要及时温习，努力从它们之中品出一点滋味来。

正如食物光吃进去是不够的，还必须很好地消化吸收。对食物的消化吸收是一个生理过程，而我们对于学习内容的消化吸收的主观努力的空间却很大。

许多人发展程度不高，其中有个原因就是造成了太多、太大的学习浪费，没有很好地把学习内容转化为精神财富。

一个人拥有的物质财富与精神财富在一定的程度上是可以相互转化的。我很少见到精神世界丰富而物质生活贫困的人，也很少见到拥有物质财富却精神贫瘠的人。当然，这不排除我个人的见识很有限。

四是尽量去支持别人。

"广结善缘，广种福田。"虽然并非所有的善行马上就会获得回报，但可以"积善成德"，而"德者，得也"。尤其是在不需要做出自我牺牲前提下的可以成人之美的举手之劳，那又何乐而不为呢？

因此，是否随时都乐意去支持别人，是一个人生命姿态的一部分。

在所有人与人的关系中，唯有彼此成全的关系是可以长长久久的；倘若一方更多的是索取，另一方更多的是付出，这种关系既不健康，也难以持久。

"支持别人"首先是一种意向性的，这意味着"关注着并积极地回应着"。因此，礼尚往来并非等价的物质交换，而在于你对对方的积极回应。

每一个人都是独特的

1

"每一个人都是独特的",这是妇孺皆知的道理,但要真正领悟并将之体现在言行之中却并不容易,需要一些人生经历。每一个人的成长经历与现实处境不同,看重或在意的事情就会不同。有的事你觉得无关紧要,而有人会很在乎;即使是人们都在乎的事,各人的尺度也不尽相同。大概因为如此,人们才会有"汝之蜜糖,吾之砒霜",甚至"他人就是地狱"之说,也才会有"知音难觅"的慨叹。人与人之间的交往从来都是相互的。朋友相处,除了情趣相投之外,不仅需要注意照顾别人的感受,还要有包容与善意的理解。不过,不论何种关系,处得来就处,处不来就可以相忘于江湖。如是便好。

2

人的生命是第一宝贵的,人的命是最重要的人权!这是钟南山院士在2020年的《开学第一课》演讲中表达的意思。我悉心探索与研习生命教育,我认同"人的命是最重要的人权"这一观点,但如果我们的观念不能拓展与深化,这个观点就是没有高度的。所谓"人的命",即人的自然生命,说得再通俗易懂点就是人的肉身。它固然重要,但一个人的精神追求中,如果没有比肉体生命更高层次的东西,那不过是行尸走肉。"杀身成仁、舍生取义"被仁人志士所推崇,就因为它代表了一种精神的高度。"人权"是内涵非常丰富的概念,如果人们对它的理解只停留在"生存权"这个层次,那不仅不利于社会文明的进步,相反,这个权利还很难保住。

3

我看到这样一段话:"无论是生存还是生活,婚姻还是爱情,工作还是闲暇,爱还是恨,醉还是醒,动还是静,没有灵魂的参与,都索然无味……"乍一看,这样的表达隽永而深邃,但一细想,就有个问题:究竟什么是"灵魂"?当然,人们可以把它理解为"立身行事的准则",也可以把它理解为"高尚的理想、目标与追求",甚至可以把它理解为"终极价值"与"终极关怀"。没有对核心概念给予明确界定的表达很容易让人以为某人拥有"独家解释权",或者随便读者认定一种解释均可。这两种情况都不妙:前者近似于诡辩,后者容易沦为各取所需的幌子。类似上面的表达很多,不可轻信。

4

我在具体的教学之中往往会渗透"四个自觉"。第一个是"生命自觉":人,作为一个完整的生命体,不仅要保全与呵护自然生命,更要发展其社会生命,尤其是精神生命。所有人都有一个生命姿态的问题,每一个人也都可以有自己最美的生命姿态。我推崇将"敬畏与谦恭、独立与傲岸"进行和谐统一的生命姿态。第二个是"方法论的自觉":作为受过高等教育的人,所思所想要符合现代方法论的精神,而这最核心的是包括理性精神在内的科学精神。第三个是"正当性的自觉":自觉地审视一切习俗、规则、制度等所基于的价值观的正当性。第四个是"言说的自觉":清楚所使用的每一个词所要表达的意义究竟是什么,自觉检视每一个表达背后所"依持"的立场。这"四个自觉"是人成长为一个文明人所必须具备的。

5

教师节,一个老教师祈愿:教师要"学而不厌"。我表示认同和赞赏。只有这样,那些充满思想张力的文字,才可能让人的心头始终有一泓智慧的清泉汩汩流淌。教师要"诲人不倦",这除了需要耐心、仁爱之心外,还需要丰富的学识、睿智的头脑。教师不能成为教科书的传声筒,不能停留在鹦鹉学舌的水平,他要能直抒胸臆,表达内心真实的想法。

6

每一个人都构成了他人环境的一部分,人们如何对待世界、对待他人,影响着身边人的心情,进而影响其态度与反应。人与人的关系就像多米诺骨牌。我深信有见识的人一定会认同这一观点：生活在文明程度高的人群之中远比生活在文明程度低的人群之中感觉会好很多。因为文明程度高的人谦恭有礼、乐于关心与帮助别人，每一个人都会得到应有的尊重，每一个人都会更有存在感、价值感、安全感……这也是我不遗余力地宣扬要建设好社会的原因。当学生遇见学识渊博、视野开阔、睿智儒雅的老师，当教师看到有教养、有求知欲、专心致志的学生；当民众见到公正廉洁、勤勉敬业的官员，当官员接触到遵纪守法、诚实守信的公民……我们每一个人对生活、对社会、对这个国家、对整个人类都会更加热爱。

7

"我们穷极一生追求的幸福，不在过去，也不在未来，就在当下：眼中景，身边人，盘中餐。"这话乍一听不错：眼中景，代表着生活环境优越，而且有审美情趣；身边人，代表着高品质的亲密关系；盘中餐，代表着衣食无忧。但这可能只是一个"精致的利己主义者"的形象，只是一个发展程度不高的与"公民"相对的"私民"。很久以来，人类有一种潜在的倾向：忽略人的精神生命，无视或矮化作为一个完整的人所应当有的精神高度。以上讲的三个方面固然是重要的，但作为文明人，还是要讲点社会责任与精神追求的。

做一个善良的人

1

"善意",与"恶意"、"歹意"和"敌意"相对,包含着善良、美好期待与祝福的心意。我不敢肯定人世间有"对所有人都怀抱善意"的人,但可以肯定,善良的人待人待事会更友善与真诚。这样的人往往更单纯,更愿意相信别人的善意,更少敌意、防范,更多信任。生活给这类人的回报就是活得比较轻松甚至非常率性,他们个性中的通达与明快,使他们更能感受并收获喜悦与欢愉。人本质上是自利的,但发展程度高的人,利己与利他之间很少会有冲突,他们的利己基本上也都不以牺牲别人的利益为代价。而且,他们的利己几乎都可以利人,原因就在于他们的需要层次比较高。如自我实现、创造、充满爱意的生活,这些高级需要,都具有利他的成分在内。因此,最重要的是提高人的需要层次。但这又在很大程度上取决于社会文明,尤其是物质的极大丰富。

2

"能让别人快乐的人,一定很善良。能让自己快乐的人,一定很聪明。时间一天比一天少,我们一天比一天老。人生路上,请记得善待自己，让我们开心过好每一天。"这段话虽说不上多么深刻，但很在理，很接地气，尤其是"能让自己快乐的人，一定很聪明"。要让自己快乐，主要在心态。或许聪明人就聪明在知道怎样能够拥有积极、阳光、敞亮的心态。

3

"爱，是可以化解一切的。"所谓"爱"，在不同的语境中有不尽相同的内涵，但都一定包括善意与热忱。爱，一般来说，还包括了解、尊重、给予、关怀、责任，而这些元素都只有以善意为底色，才是真爱。不含善意的了解可能是居心叵测，不含善意的尊重可能是虚情假意，不含善意的给予可能是引诱、贿赂、收买，不含善意的关怀可能是觊觎，不含善意的责任可能是控制与利用……对世间的人、事、物的爱，也一定表现为一种热忱，而非冷漠或满不在乎。对这个有很多不如意的世界仍然充满热爱的人，才是真正富有和幸福的人。

4

我是一个乐观主义者，也是一个享乐主义者，我真切地相信未来会更美好。我主张心怀梦想地活在当下。人生无非就是一个过程，我的经验是只有乐观地面向未来，才能更好地感受当下的欢愉。有人说："先努力优秀，再大方拥有。所谓生活，有所为，有所爱，有所期待。"这与我讲的"四有"——"心中有盼头，手中有事做，身边有亲友，家中有积蓄"有相通之处。而且，我十分强调经济上的富足对人生的重要性。毕竟"非大有不可大无"。

5

我理解的朋友之道就是以礼相待、礼尚往来；多付出，少索取；言而有信，真心实意；多记着别人的好；不勉强别人，对能够帮助对方的事尽力而为。这个世界上，两个人能够成为朋友的概率并不大，因为需要情投意合，需要三观一致，需要有精神上的共振与心灵的共鸣。帮助朋友成长、进步，不仅需要得体的提醒与批评，也需要真诚地分享有价值的资源与信息。我愿意对所有的朋友敞开心扉，尽己所能地为共同成长付出努力。因为人唯有成长，才能感受到世间最纯美的风景。

6

网络上类似这样的表达有很多："人和动物最大的区别，恰恰是看似无用的东西，如音乐、舞蹈、美术、诗歌、小说。正是这些不能充饥、御寒的事物丰富了人的心灵，让人于贫穷中富足，于孱弱中坚强，于困顿中怡然自得。"类似的表达既有哲理，又有点诗意。在日常的表达与交流中都可以引用。一个人在生活中，如果时常有些创造，生活的品位自然就高了。创造什么呢？音乐、美术、书法、雕塑、小说、诗歌、相声、小品……有太多太多的门类。如果还达不到创造的水准，那欣赏总是可以的。欣赏多了，有意识地掌握相应的技巧，创造也就水到渠成。问题是人们容易自我设限："我哪是那块料呀？"这种消极的自我暗示让大多数人对于艺术创造连想都不敢想。

7

　　从一定的意义上说，教育学就是人学——关于人的知识建构、潜能开发、生命成长与人生幸福的学问。部分地由于这一点，我对所有人都充满兴趣。首先是了解他的兴趣，其次是他的品性，他的性格与命运。每一个人都是极其复杂的，因此我们必须把每一个独特的个体当作完整的人来了解。人们常常用"阅人无数"来形容一个人见识过很多人，与许多人有过交往，社会经验丰富，看人看得很准。教育学者特别需要这个功夫。一个人只有既熟悉经典文献，又能洞察人性，才能有更多精准、深邃的思考。

我与世界有个约会

1

午饭后躺在床上,头脑中掠过一个句子:"阳光下,我与世界有个约会。"我想,它可以作为一篇文章的标题,把我今天就"自我与世界关系"的认知囊括进去。阳光,容易让人联想到"光明与温暖",而"约会"最容易让人联想到与恋人的相见:彼此衣冠楚楚,彬彬有礼,倾心的交谈,甜蜜的亲吻,热情似火的拥抱……恋爱是人世间最美好的事情之一,它充满愉悦与憧憬。我们每一个人都有与自我、与世界的关系。而与世界的关系又可细分为许多的方面:与人类,与自然;与他人,与社会;与社群,与国家……人的社会关系犹如一张密密的网,我们织着这张网,也被这张网"规范"着。在这张网中与世界"约会"。

2

我们生活的这个世界,每天,甚至可以说每时每刻都在发生着很多很多的事情,有的美好,有的丑恶;有的趣味横生,有的平淡无奇;有的改变着历史的走向,有的转瞬即逝,难寻踪迹……我热切地关注着这个世界,我置身其中,又置身事外,我观察着,思考着，评论着，爱恨情仇流淌于嬉笑怒骂之间。这就是我活着很重要的乐趣与意义的一部分。

3

把眼光投向广阔的世界，去关注人类，关注我们生活于其中的世界，关注其他物种……成为一个拥有不断走向更广阔的自我的人，而不是在狭隘的自我的小天地中自怨自艾、自怜自伤的人。身边小草的枯荣与我们有关，远方蝴蝶翅膀的扇动也与我们有关……万物共生，民胞物与，事物间的联系我们往往看不见，但并不意味着它们不存在。我坚信：一个人努力去追求让世界更美好，他的世界就一定会更美好。我知道很多人会对此嗤之以鼻，只能说"井蛙不可以语于海"。悲天悯人吧！

4

"自我"在一个人的心灵版图中占据着多大的位置，决定着他的格局、胸怀。也就是说，"自我"的利害得失占据的位置愈大，他的格局就愈小。如果因为"一叶"（个人的利害得失）障目，而不见"泰山"（整个世界），他就只是一个"私民"，而非"公民"。而这样的人，却正好是"自我"发育不良，或者说，只有一个处于人格发展低层次的自我。他们其实是非常不幸的人，而他们对此也缺乏自觉的意识。

5

我不指望更不鼓励人们去与行凶的歹徒搏斗,甚至不指望所有人都能够成为有强烈正义感的成熟公民,但希望有更多的人对于无可争议的邪恶、忍无可忍的不义大声说"不",表达出应有的义愤,这个要求不算高吧。人是环境的产物,而每一个人都是构成他人生活环境的一部分。我坚定地相信:天道酬善。而对我们来说最有可能表达出善良的就是:讴歌美好,谴责恶行。

6

何为"鸡汤"?当它作为一个贬义词时,指的是作者混淆是非、掩盖矛盾、粉饰太平、愚弄读者的文字。不可否认,的确有这样的文字。但如果把"歌颂光明、正面引导、没有锋芒、温柔敦厚的文字"一概视为"鸡汤",就属于不当认识。社会的进步需要针砭时弊,需要有尖锐犀利的批评,也需要赞美光明、劝人向善。只欣赏或允许其中之一,不仅是十足的狭隘与浅薄,甚至可能包藏祸心。

7

看到网友发的一个帖子,不禁失笑:"黄鼠狼在养鸡场的山崖边立了块碑,上面写着:'抛弃传统的禁锢,不勇敢地跳下去,你怎么知道自己不是一只鹰?'接下来这畜生每天就在崖底吃着摔下来的鸡。"当然,不能说所有的"鸡汤"写手都居心不良,也不能一概否定正面引导。一个有价值的文本要么可以引导人们"亲近真理",要么可以"启迪智慧",更好的还能"润泽生命"。这三者同时还可以是递进的关系:因为能亲近真理,所以能启迪智慧;因为启迪了智慧,所以能润泽生命。

生命在于表达

1

读萧乾先生的《八十自省》，心有戚戚焉。这段话深得吾心："至今我仍认为一个没有讽刺文学的社会，犹如一位闺秀手里没有一面镜子。那样，尽管她的脂粉可以抹得老厚，却看不到鼻间耳际的污垢。"文学家的讽刺文学，思想家的针砭时弊，都是社会文明进步所不可或缺的。只是颛顸之人不这样认为。对这样的愚顽之人无计可施，唯有寄望未来。另外，萧乾先生简练通达的文字表达功夫，也很值得吾辈学习。

2

刘洪文的微型小说《卧铺》，篇幅虽短，内涵却很丰富。不仅表现底层民众的骨肉亲情，也反映了外出务工的农民兄弟的生存境况。在生活中，在公共场所，如公交车上，我们会与农民工近距离接触。受生活条件所限，他们生活的卫生状况经常不够理想。善待他们，就是善待我们自己，所有人，都应是我们的兄弟姐妹。

3

我精心打造了多个讲座的主题,其中三个的关键词皆为"幸福人生":生命教育与师生的幸福人生,教师的幸福人生与专业成长,为了孩子的幸福人生。我集中关注"幸福人生",是因为我发现,人们一切自觉的行为最终都是为了追求自己认为的幸福,几乎没有例外。可以肯定地说,幸福是人生的最高价值。而一个人能否幸福,主要取决于人格,以及与此相关的心态。而这,又会进一步影响到其人际关系。人际关系的重要性怎么强调都不为过,但"你好我好"、表面一团和气的人际关系其意义并不大。只有真诚、深刻、和谐、融洽以及包含着乐于奉献与给予的人际关系,才最有利于增强人的幸福感。而一个人能否拥有这样的人际关系,取决于他的安全感、对人的信任与尊重,取决于他是否有把自己"交付"给对方的勇气,即坦诚的、心灵晤对的勇气。

4

一个人的外语学习水平,和掌握其他学科知识、具备学科素养一样,受到其兴趣、智商、智力结构、家庭文化背景、师生关系、教师专业素养、同辈群体等诸多因素影响。但它会比较典型、比较集中地反映一个人的学习品质。外语的学习,特别需要毅力与恒心,需要及时复习、强化与巩固。凡是做事(当然包括学习)一曝十寒、不能持之以恒的人,往往就学不好外语。因此,在选拔性考试中,外语作为必考的内容,就不仅是基于促进国际交流与打开全球视野的考虑,也因为其有助于考查考生的学习品质。而一个人的学习品质与人格品质会有很高的正相关。

第四章
生命在于表达

一切从"心"出发

1

每个人真正拥有的无非自己的身心。

关于身体健康，越来越多的人认识到其顶顶重要。"心"的阳光、充实与和谐，甚至在一定的意义上更为重要。因为身心互感：一方面，"健康的心灵寓于健康的身体"。另一方面，心灵的阳光、内心的愉悦，用中医的话说，会使气血通畅、饱满；用西医的话说，能提高机体的免疫力。

2

心，指人和高等动物身体内推动血液循环的器官。

可我们中国人讲的"心"，有非常复杂的含义，需要根据不同的语境去理解其在上下文中的意思，"内心""心灵""心意""心思""心愿""心扉""心田""心气""心绪""心喜""心腹""内心""真心""良心""初心""出于公心""私心杂念"……

我们的祖先（中国古人）认为心是思维的器官，因此把思想、感情都说作"心"，以至于产生了"陆王心学"："心即理""心外无物""吾心即宇宙"。又由思维器官引申为心思、思想、意念、感情、性情（如心气、心猿意马、心心念念、心事重重）等，又引申为思虑、谋划（如心计、心机、心想事成）。

有人说，中国文化就是"心的文化"。这有一定的道理，也具有相当的价值，尤其是教化价值。因为所谓"修齐治平"的"成人之学"（亦可谓"成仁之学"），不外乎不断地"正心、诚意"，从而达到"内圣外王"。"有事心不乱，无事心不空"，这是很好的生命状态。

在人的一生中，总难免会遇到各种各样的事：小事，大事；好事，坏事；吉祥如意的事，悲催凄惨的事；需要立马办妥的急事，可以慢慢来做的事……凡事能做到从容面对，那需要很高的修为，只是有时还需要同时具备某些条件，比如天时、地利、人和。

3

人的一生中，尤其是晚年，"没事"的状况更常见。因此，如何做到"心不空"，即如何安放好我们的这颗"心"，或许更为重要。

我和不少老人交谈过。他们大多认为，孤独，更确切地说，孤单、孤寂，是老年人比较普遍，也是较大的问题。

如何抵御孤寂？一方面，老年人要为自己的晚年做好准备：

首先，积累足够多的回忆与可供"反刍"的学识；

其次，培养健康、深刻、强烈的兴趣与爱好；

再次，建立起亲密关系，包括赢得真正的朋友；

最后，设立力所能及的、老有所为的生活目标。

另一方面，全社会，尤其是老人的子女及其他亲友，要多关爱他们，给予更多更温情的陪伴与分享。

在我们的一生中，什么时候从"心"开始都不晚，什么时候从"心"着手都有效，什么时候从"心"出发，都能收获心想事成、心花怒放，收获满心欢喜、心安理得——"得德相通""德者，得也"，进而收获德福相济、福寿绵长，只要我们能将心比心、推己及人，并能够心心相印。

意与言

1

在这个蔚蓝的星球上,人们有种种向往,种种憧憬;有种种信念,种种主张;有种种的好恶与评判,种种的欣喜与哀怨……所有七情六欲、所思所想、心之所向、爱恨情仇,皆为"意"。

人世间有善意,也有恶意;有美意,也有歹意……正是它们构成了人们的思想与情感,成为人们行为的理由与动机,成为人们言说,尤其是写作的立意与主题。

人们正是通过自己的"意",观察、感知与理解事物,并在与外部世界的交互作用中不断地建构、生成、丰富和优化自己的"意"。

"意,志也。"(《说文》)"心之所谓意。"(《春秋繁露·循天之道》)心中有意,意在心中。当我们说"春意盎然""诗情画意"时,"意"就有了一种空灵、飘逸的精神气象,构成了所谓的"意象""意味""意韵""意境"。"意",成为少有的可以与"心"比肩的内涵丰富、韵味十足的字。

一个几乎无须论证的事实是:我们每一个人都生活在自己的"心意"中。不管是触景生情,还是睹物思人,都是"意";也不管是感觉"温暖如春"还是"万箭穿心",也都是心意的流露与写照。在人与人的交往中,倘若"郎有情来妹有意",则可能意味着将开启一段情深意重的好姻缘;倘若一个人心灰意冷、万念俱灰,那可能意味着人生跌入了低谷;倘若一个人失去了"意识",则可能处于昏迷状态或濒临死亡。

2

言,即言说,发表言论,表情达意,起到与他人分享、交流和沟通的作用。"言"的基本单位(字、词、句),本身都是有其"意"的。字意(义)、词意(义),通过遣词造句表达着人们的"心意"。语言中存在着"一词多义"的现象,因而会有"言外之意"。因为人们掌握和能自如地驾驭的词语不够丰富,也或许是因为对某一问题没有彻底地想通,就会出现"词不达意"或"言不尽意"的现象。至于作为中国诗歌美学命题的"言有尽而意无穷",则是属于涵盖写作的修辞手法的高超艺术了。

在人的婴幼儿时期,儿童是先产生"意",后学会"言"。在三四个月大的婴儿那里,他会用身体动作来表达他的意愿。比如,看到车门打开,他会努力朝着车门的方向伸身体,希望能进到车里去。从动作表意到一岁左右用语言表意,在习得语言的过程中,他们扩充与丰富着对世界的理解。

言中有意。言,不仅仅是"意"的载体,任何一个词或句子,都是神形兼备的。意可以通过多种形式来表达,但"言传""言表"是最常见往往也是最便捷、最直接的方式。人们在对"言"的习得与领悟中,也积攒与生发着"意"。人们生活于意义之网中。因此,人与人之间最好的感觉与联结就是总有一份默契:他懂你的言外之意，理解你的欲言又止，明白你的言不由衷。而这个懂你的人，就是与你情投意合、心意相通的人，就是所谓的灵魂伴侣。愿人们的心中有满满的美意、善意，愿人们的言语饱含深意，并能直抵人心。

人们无非是通过言行来表达自我的。言行，"言"占了一半，而且排在了首位。在社会生活的很多方面，做得好固然重要，但说得好同样重要甚至更为重要：做得好，可以以身示范，而说得好，可以超越时空的局限，给更多的人以忠告、启迪与指引。

3

整体来讲，"言为心声"是不错的。但并非所有的"言"都是肺腑之言，违心之论、欺人之谈、言不由衷，乃至弥天大谎也不在少数。我们的一生中，会说很多的话，包括气话、废话、假话、无聊的话，有时还会说粗话、鄙话、下流话……倘若一个人，一生中绝大多数时候都能够自觉地去"立言"，并确有嘉言懿行，那就很值得称许了。

古语新说

1

孔子说:"君子欲讷于言而敏于行。"庄子说:"狗不以善吠为良,人不以善言为贤。"这些话,在某种意义上都具有真理性,但它们仍很可能在中国文明的发展中起了十分消极的作用,那就是造成了对口头语言表达的轻视。在中国文化中,擅长口头表达没有被很好地重视,更谈不上被推崇。相反,巧言令色、巧舌如簧、油嘴滑舌、夸夸其谈……这些成语都有贬损的意味,尽管的确有人光说得好听但没有相应的行动。西方教育很早就重视"雄辩术",它与重视逻辑和修辞一道,对于西方人的善于表达,包括善于演讲,可谓功不可没。我特别强调口头表达也要努力做到"信、达、雅",这需要从小训练。

2

"以耕读为本,以勤俭为德"(施耐庵),这不仅适合农耕文明,对于人类的永续发展也有重要意义。耕,代表着物质生产,以及人类与自然的联结;读,则代表着精神生活,以及人与人之间的交往。在大江南北许多古宅的门框上都可看到"耕读传家久,诗书继世长"的楹联，或是"耕读传家"的匾额。我们的祖先晴耕雨读、日耕夜读，传承着文明的薪火，也享受着诗意的人生。今天，城市的无限扩张，让人们越来越远离田野，远离大自然。如何让人们既能享受现代文明的富足与便利，又能享有田园生活的古朴、宁静与澄澈，这是在城市的规划与建设中值得探索的主题。

3

有道是"人情似纸张张薄，世事如棋局局新"（《增广贤文》），也有人总结说"人间有两薄：春饼薄，人情更薄"。我以为，人情薄不薄，与我们的处世态度与方式有关。当你不愿或不能给予别人，却指望别人给予你时，人情往往很薄；当你乐于或常能给予别人时，人情并不淡薄。这也印证了常言所说的"人心都是肉长的"。一味索取，且不知感恩的人，当然也有，但比例不会太高。其实，人们的内心深处都有给予他人、奉献社会的需要。毕竟，人是万物之灵。

4

"清谈误国，实干兴邦"一语，是明末清初启蒙思想家顾炎武的总结。在特定的历史时期，这或许是真理。当然，这还取决于如何定义"清谈""实干""误国""兴邦"这些概念。要警惕这句话成为阻碍思想市场形成、钳制思想自由的借口。就国家治理的一些根本问题进行充分的讨论是十分有必要的，比如政权的正当性与合法性问题。这些讨论不仅有开启民智的价值，也能更好地明确我们前进的方向。否则，不抬头看路，只顾埋头拉车，就有可能出现"盲人骑瞎马，夜半临深池"的危局。

5

清代诗人袁枚有诗云："老行万里全凭胆，吟向千峰屡掉头。总觉名山似名士，不蒙一见不甘休。"此诗道出了他长寿的秘诀。在山水中，那种远离尘世的喧嚣、忘却名缰利锁的困扰，与自然融为一体的感觉，或许是滋养生命最好的养料。寄情山水是中国传统文人的一种处世方式，其间虽有封建专制时代读书人的无奈与逃避，但从自然界中获得滋养与慰藉的方式，值得今人借鉴。

第五章
生活是多么美好

如果一个人只有坟墓作为宿命的目标，人生便会充满愁苦与哀伤。如果把永恒与不朽作为目标来追求，坟墓就不过是一个必经的驿站，人生的开阔与在精神上的永续就能让人有视死如归的气概。

生命期待着我们蓦然回首

1

将"教育就是服务"的观念落实到日常的课堂教学之中,尽可能地为学生的发展提供机会,让学生更多地体验到被关注、被爱护的温暖与幸福,更多地体验到自由探索和成功的快乐与自豪,更多地感受到人性的光明与和煦,感受到仁慈、宽容与敬业的力量。

2

教学艺术是教师教学主体性和创造性的最好确证,没有对教学模式的创造性运用,教师上课就容易"教教案""教教材",而不是"教学生",教学就难以避免封闭性、刻板化与程式化,就难以避免教师唱独角戏和以教师为中心,就不可能顾及学生独特的生命表现和学生提出的非常个性化的问题。学生在课堂上的丰富的精神生活、自主交往和个性展示都会受到很大的局限。

3

完美的教学一定能让学生感受到人性之美、人伦之美、人道之美,感受到理性之美、科学之美、智慧之美,感受到人类心灵的博大与深邃,感受到人类所创造的文化的灿烂与辉煌;能够唤起学生对生活的热爱与柔情,唤起学生对未来生活的热烈憧憬和期待;能够让学生以新的眼光审视生活、洞察人生。

4

要使学校变得有吸引力,成为人们舒展心灵、放飞想象的处所,就必须努力营造宽松与高洁、明丽与清新的校园文化氛围,禁绝强制的纪律和严苛的规训。因为人的发展需要足够自主的空间,而宽容、宽松、宽厚更有助于人的个性自由全面地发展;也因为每个人本身都是独特的存在,而不是"半成品",更不是"残次品",人人都企望被欣赏,而不愿意被雕塑、被拿捏、被打压。

"热爱生活"还是"看清世界"?

1

今天的少年儿童正处在品格形成的关键时期,他们是我们这块土地上未来的生活者与建设者。他们的品格不仅会影响甚至决定着他们的命运,也将决定着我们国家的力量,决定着我们社会中每个人的生活品质。大量研究以及实践经验表明:在充满爱与温暖的氛围中,儿童、青少年良好的人格品质更易于形成。而尽可能地创造这样的氛围,从课堂气氛到学校风气,从主题活动到广泛的正式的和非正式的师生交往,都可以自觉地服务于培育学生良好品格这一目标。

2

对所有人来说,"学习"大体上包括如下四种类型:一是在环境中,通过观察以及耳濡目染进行学习。二是通过阅读所进行的学习。其学习成效既取决于阅读材料的品质,也取决于阅读自身的品质。三是现实的人与人的交往。对所有人来说,都存在"书不尽言,言不尽意"的问题。因此,现实的人际交往能使人获得从书本中无法获得的某些鲜活、微妙却极富成长价值的养分。四是通过研究、探索所进行的学习。这类高级的学习能力有赖于教育加以发展。这四类学习都具有各自的价值。许多人缺乏了其中的一种甚至两三种，这将极大地局限他们的发展。

3

教师的信念系统由五个部分组成：一是人生信念。其核心问题涉及人究竟为什么而活，什么是有意义的生活。二是政治信念。它涉及什么样的社会是好社会，国家的正当目标是什么，政权合法性所依持的条件有哪些，等等。三是教育信念。它包括"什么才是真正的教育？""受过教育的人具有怎样的特征？"，等等。四是学科信念。这涉及对学科性质及其教育价值的理解。五，教学信念。比如如何"有效地教"以及"何谓有效"，它也可以视为教育信念的一部分。

4

"在喜欢你的人那里，热爱生活；在不喜欢你的人那里，看清世界。"这句话可谓深得吾心。你周围的人，有喜欢你的，也有不喜欢你的。这大概对于每个人都是如此，但仍有差别。一是喜欢你或不喜欢你的人分别所占的比例以及喜欢或不喜欢的程度有差别；二是喜欢或不喜欢你的人，他们又究竟是些什么样的人。在这个世界上，很多事情我们都无法掌控，但在很大程度上，我们可以决定我们做什么或不做什么。在几乎所有境遇中，我们都拥有意志自由。别人喜不喜欢你，这不完全由你决定，但你可以决定在他那里是"热爱生活"还是"看清世界"。

第五章
生活是多么美好

5

一个人享有独立与自由，才能享有生命的尊严，而独立、自由就意味着能自主判断、自主选择、自主承担。判断有赖于知识的发展，选择需要眼光与胆魄，承担需要能力与实力。孔子说："知、仁、勇三者，天下之达德也。"智慧是首要的道德，就因为它影响着人们的判断与选择。没有头脑的人，轻则好心办坏事，严重的还会是非不分，助纣为虐。我们可以下这样的定义：具有善的内涵的智力叫智慧。

6

我为什么敢于说真话？首先，需要对"真话"给予明确的定义。所谓"真话"即主观上信以为真的事实与判断，它基于言说者的真情实感而非虚情假意。一言以蔽之，它在主观上是真实的，不存在欺骗或者故意颠倒黑白、混淆是非的问题。至于因为对事实了解不全面，或在思想方法上有可能以偏概全而得出的结论，都不属于主观故意的谎言，即仍为"真话"。我敢于说真话，首先，因为我相信它不会给我带来消极后果。即使有时会有可预见的消极后果，比如会使某人不高兴，但它在我可承受的"损失"的范围内。其次，讲真话可以提高我的个人价值感，可以在我的心中聚集更多的浩然正气。再次，讲真话是我提倡的有意义交往的必然要求，因为人与人的交往用假话相互敷衍意义不大。最后，你和别人讲真话，别人和你讲真话的概率也会有所提高。

人需要怎样的生命姿态?

1

"生命姿态"是一个意象生动且有感召力的概念,它可以提醒我们挺直了腰杆走在明媚的阳光下,享受自主而充实的人生,幸福而有尊严地生活着。"有批判地阅读,有立场地发声,有温度地书写,有追求地行走",这是我能想到的作为知识人、作为一个公民所能具有的不错的生命姿态。每一个人首先要对自己的人生负责,需要勇敢而坚定地直面生活。自怨自艾的人生是失败、糟糕的人生。

2

今天的中国,我们需要的是堂堂正正的公民,他们能平等地有尊严地对待所有人。在此基础上,他们在社会生活中扮演着各种各样的角色。这各种各样的角色只因为各自不同的志趣与能力,尽着社会一员的责任。因此,我们的教育首要的不是培养各类人才,而是要造就能挺直腰杆、谦恭有节的人。这就需要我们把公民的旗帜举得高高的,把人的尊严守护得坚不可摧,把看守权力的铁笼打造得牢牢的。

第五章
生活是多么美好

3

我以为"学术人格"与"政治人格"是两种非常不同的人格：学术人格始终将对是非曲直的考量优先于对利害得失的考量，而政治人格却正好相反。这两种人格并不存在孰优孰劣的问题，但它与行为主体的社会角色有关。作为学者，当然应该具有学术人格，具有学术人格中的正直与诚实的品性。倘若一个学者把对利害得失的考量置于对是非曲直的考量之前，那他就不可能坚持真理，也不会具有学术的纯粹与纯洁，尽管每一个学者一定是有立场的，而立场背后是利益。但作为学者要特别留心检视自己的立场，要尽可能葆有学术人格。这也是我将学者的"学术节操"放在"学术天赋""学术积累""学术方法"之前的理由。

4

倘若做一件事，既能自得其乐，又能有益于社会的文明进步，则可谓两全其美，一举两得。人们行为的原因无外乎功利、趣味与意义。一种行为能同时具有其中两种价值就很好了，而如果是趣味与意义则尤可珍贵。责任、义务都属于意义范畴，趣味则与个人的享乐相关。责任与趣味不可偏废。没有责任意识的人生是轻薄的，没有趣味的人生则是苍白的、无聊的。我所倡导的公民教育取向的生命教育力图引导人们建设责任与趣味兼顾的人生。

5

在"千课万人"活动的餐桌上,一位江苏名师说:"十多年前,在常州的沙龙上,您批评过我。"我批评过许多人,但几乎没有诽谤、诬陷、咒骂、攻击过别人。我这样定义批评:我看到了你的不足,我希望并相信你能做得更好。如果批评唤起的是自我反省,而非敌意,那我相信批评能够使人进步。许多身居高位的人多年没有长进,就是因为听不到批评。我希望听到批评,因为我渴求进步。

6

简洁而又明晰的表达,在当下尤显宝贵。我们祖先的表达做到了简洁,却没有很好地做到明晰,给后世的人带来许多困扰。简洁,不是啰唆,不是拖泥带水、婆婆妈妈,而是开门见山、一针见血,展现出表达的明快与果敢。在写作中,那些"引滥"了的话,最好就不要再引用了。文章的优劣不在于长短。正如一小包茶,用200毫升左右的水泡,浓淡正好。若用1000毫升的水泡,就会变得淡而无味。在很多场合,学会看菜吃饭,量体裁衣,学会简洁地表达,都是具有智慧的表现。

第五章
生活是多么美好

益者三友，损者三友

1

一个人，其素质的高低，虽然没有成文的标准，但我相信是完全可以达成基本的共识的，不论其种族、国籍与宗教信仰为何。比如，体面而充分地表达自我的能力，热情、友善地对待所遇见的每一个人，理性、客观、公允地谈论世间的人与事，心平气和地解决分歧和冲突，包容不同、差异乃至异端，将服务他人与社会作为一种内在的需要，等等。我们要赢得国际社会的尊重，当务之急是提高民众素质。公众人物，要率先垂范。

2

如果一个人只有坟墓作为宿命的目标，人生便会充满愁苦与哀伤。如果把永恒与不朽作为目标来追求，坟墓就不过是一个必经的驿站，人生的开阔与在精神上的永续就能让人有视死如归的气概。如果永恒与不朽太虚玄，太形而上，还有一些可以检测的目标，比如走遍中国的地级市或世界的主要国家。这样的目标如果不赋予它们更高远的意义，它们的价值并不很大，更多的只属于自娱自乐。美好的人生应该有自娱自乐，但也该有更阔大与高远一点的追求，比如立德，比如立功，比如立言。

3

在社会生活的诸多情境，对他人的表现予以积极的回应，是一个人有礼貌教养的表现。几千年农耕文明的生产方式，加上封建礼教与残暴的专制统治，使中国人形成了寡言少语、过于内敛的"国民性"。在我们的国度，能言善辩、伶牙俐齿的人所占的比例太低了。因此，在课堂上，教师要特别注意培养学生乐于积极互动、勇于表达的意识和习惯，始终不渝地营造一种相互支持与相互欣赏的课堂氛围。这也是生命课堂的应有之义。

4

每一个人与生俱来都是独特的、唯一的，无论是在作为人的自然生命、社会生命，还是在精神生命的层面上都是如此。但在人的成长中有一个彰显人的独特性的问题。一个人的发展程度愈高，他就愈独特。对此，孔子早就意识到了："君子和而不同，小人同而不和。"(《论语·子路》)我们也可以将孔子所说的"君子"视为发展程度比较高的个体。怎样使一个人尽可能地在社会化的同时彰显、弘扬他的独特性，这是一个值得研究的问题，包括如何使他学有专长，如何"致广大而尽精微"。

第五章
生活是多么美好

5

个人的经验在我们对世界的认识中扮演着怎样的角色？早有两种对立的观点：理性主义与经验主义。自然，这类经典的答案都有其真理性。但我个人的体会是，但凡带有情感色彩的对人或事物的认识与评价上，个人经验都发挥着举足轻重的作用。爱屋及乌的现象比较普遍地存在着：因为爱一个人给予一座城市以好评；或者，因为一次不愉快的经历而给一个地方以差评。只是作为一个有理性修养的人要尽可能摆脱个人经验的局限，避免被情绪蒙蔽了双眼，努力克服"一叶障目，不见泰山"所带来的弊端。

6

孔子曰："益者三友，损者三友。友直，友谅，友多闻，益矣。友便辟，友善柔，友便佞，损矣。"（《论语·季氏》）友直，也有"直"的分寸：比如，我们可以坦然承认自己的缺失与错误，但若这"缺失与错误"从别人嘴里说出来，多数人都会感到不快。清代学者刘大櫆在《〈倪司城诗集〉序》里说："其后每相见，则每至于争；而一日不见，则又未尝不相思。盖古之所谓益友者如此。"相信许多人都有过类似的经历，尤其是读书人。但如果用心平气和的讨论代替面红耳赤的争论，友谊之花是不是会更加芳香四溢呢？即使亲密的朋友也能始终彬彬有礼，这也是修养。

不对朋友抱太高的期望，这不是世故，而是成熟。即使是再好的朋友，也不可能有求必应。有一些时候，不能帮你，并非他的不是，而是你的要求失当。即使父子、母子，一个人为另一个人而活,都属于不健康的关系,何况朋友?因此,朋友之间要保持分寸:不该说的话,不说;不该提的要求,不提;不该做的事,不做。没有人可以强大到不需要友谊。如果一个人真不需要友谊,那一定不是因为他的强大,而很可能是因为他病态的自闭,或者已心如死灰。

第五章
生活是多么美好

艰难困苦，玉汝于成

1

在一所幼儿园看到一句口号："爱惜五谷，子孙多福。"这个口号的真理性就在于：爱惜粮食是一种好的家风。好的家风造就好的品格，好的品格成就好的人生。我们不仅要爱惜五谷，也需要爱惜自然及人类创造的一切成果。惜物、节俭是敬畏自然、敬畏生命，是人的朴素和高贵品质。朴素与高贵，貌似对立，实则统一。那些追逐奢华、挥霍无度、暴殄天物的人，既缺少内心的朴素，又缺乏高贵的教养。古人讲"静以修身，俭以养德"，不愧为至理名言。我们不仅不能追逐奢华，而且需要经常扪心自问："我是不是拥有太多？"能学会"断舍离"、过简约生活的人，一定会有一种令人景仰的高贵。

2

天赋和品格在很大程度上决定着一个人所能达到的发展高度。一个人的天赋是由造物主之手决定的，而品格却可以加以培养和锤炼。中国古训中有"男人怕懒，女人怕贪"一说，用心思忖，甚是精妙。一个好逸恶劳、游手好闲、饱食终日、无所用心的男子，不仅可以断言他不会有出息，而且很可能是个败家子。而女子如果贪婪，行为的底线就会很低，也会败家。许多贪官就因为妻子的贪婪而铤而走险，进而身败名裂。因此，中国古训讲的"富养闺女穷养儿"很有道理。

3

对于所有人，包括自己的孩子，我都总是想，他是另一个个体，他有他的性格与命运。我可以提醒他、给他建议，但他怎么对待，我们都无法强迫。西方有句谚语：你可以把马牵到河边，却无法按着它的头让它饮水。每个人最重要的是对自己负责，不断提高自己生活的满意度，远离抱怨。人生美好的生命境界就是心甘情愿地过随心所欲的生活。

4

在汉语中，"学习"是一个合成词，包括"学"（获取信息的行为与过程，它可以通过观察、倾听、阅读来实现）和"习"（认知加工和动作模仿练习的过程，它包括复习、温习、练习、实习）。学习的形式是多种多样的，重要的是要有学习的意识与习惯。任何领域成功的杰出人士，无一例外都是善于学习的人。

第五章
生活是多么美好

5

"阅读"也是一个合成词。阅,有查看、审核、浏览、翻检之意。阅,是活动过程,故有"阅历"一说。丰富的阅历是人生的宝贵财富。阅人无数之人大多会见多识广,对人会有比较好的判断力。读,作为动词意为识取。所有阅读或多或少、有意无意地伴随着解读。同样的信息,不同的人会有不同的解读。这背后既有正误之分,也有高下之别。"读万卷书,行万里路",不过是识取有价值的信息进而有可能建构个人知识体系的两种途径。相对而言,"读万卷书"更重要,是因为书中能够识取的有价值的信息更为密集、丰富,让人有更多的精力来去粗取精、去伪存真。

6

有些领域的学习过程比较复杂,这就需要高级的、复杂的学习。比如,一个人要具有亲和力、善于进行人际沟通的能力,就需要高级的学习。怎样在人际交往中做到"口中没有否定,眼中没有蔑视,表情没有冷漠,动作没有威胁",这也可以说是个人的修养问题,但"修养"或者说"修行"就是高级的学习过程。其间需要观察、倾听、阅读、反思、调适、迁移、练习、强化、巩固……当我们把"修养""修持""修为"这些事情与"学习"建立起联系时,它们对于我们来说就不再高深莫测、遥不可及,就可以成为日常生活中的寻常小事。

7

"有匪君子,如切如磋,如琢如磨"出自《诗经·卫风·淇奥》,讲的是君子品德的修炼过程。后来人们把它衍化为"切磋""琢磨"两个词语。它们很好地标示了学习的两个基本途径。切磋,即同道间的相互观摩、质难问疑、相互砥砺;孔子说益友的选择有三个条件——友直、友谅、友多闻。琢磨,即玩味、推敲、咀嚼、反思、审视、检讨……我非常强调有意识地记住一些东西,否则,琢磨就没有原材料。正如牛如果不吃进草料,反刍就不可能。

第五章
生活是多么美好

人同此心,心同此理

1

在讨论人们认识的局限性时,有网友很有见地地指出:"我们都活在自己的'思想范围'(赫尔巴特)之中,超出自己的思想范围是不可能的,但不同人思想范围大小不同。"在很多方面,我们每个人都有局限,但人与人又有差别。这两面都需要看到。所谓"超越自我",就是不断摆脱自身的局限,以更宽广的视野看待一切。我们不仅认清自己很难,要很好地认清他人也很不容易。其中一个原因是我们的理性会受到情绪、情感、意欲等的影响,正所谓的"利令智昏,色迷心窍"是也。

2

人活着,很重要的一件事,就是聪明地生活着,即不被蒙蔽、不被愚弄,许多事情都看得清清楚楚、真真切切,想得通通透透、明明白白。聪明,即耳聪目明,其对立面为盲目、愚蠢、糊涂。或许有人会说:先贤不是主张"难得糊涂"吗?那是有特殊含义的,并非要人昏聩、愚昧。在社会的不公与人间的不义面前,清醒、目光如炬,常会让人感到沮丧与感伤,但人们还有价值观的问题。在我看来，哲人的痛楚远高于庸人的快乐，正如猪的狂欢与人的悲伤不可同日而语。

3

任何人所受到的赞扬、歌颂、恭维、溢美之词、吹捧与谄媚构不成他的人生。同样，任何人所受到的攻讦、辱骂、诋毁、诽谤、诬陷、侮辱、轻蔑也都构不成他的人生。构成我们每一个人的人生的只能是我们的所有言论和行为。能够明白这一点，不管一个人的地位有多高，资历有多老，影响有多大，就不会太在意别人是肯定你还是否定你；就不会因为有人赞美你而沾沾自喜，也不会因为有人攻讦、抹黑你而耿耿于怀。当然，拿起法律武器打击那些无耻下流地诽谤、诬陷别人的人，是每一个正派、正直的人的道德责任。

4

好的生活就是有安全感、舒适感、价值感、归属感、成就感和自豪感，就是要内心既充实又闲适：内心充满喜乐、平安、宁静与祥和，没有怨尤，没有仇恨，没有欲壑与贪婪。我以为很多人一直就没有真正想明白一个问题：好的生活，物质的东西并不需要太多，内心的充实且闲适却很重要。当你的心中充满道义，在你自觉守护人类的共同价值，在你的言行中自觉地贯注道义的力量时，你的内心就有了坚不可摧的财富，你就有了立身行世的柱石。

第五章
生活是多么美好

做一个大写的人

1

刘娜的《致穷人：前半生偷的懒，都成了后半生作的难》中说的道理不错。人生中所有的努力都不会白费，懒惰、懈怠、敷衍与糊弄，最终都会由自己来买单。原因就在于当懒惰、敷衍等成为一个人的处世态度与品格时，他的人生就很可能百孔千疮：既很难得到别人的信任与尊重，也不能珍惜和抓住不会太多的宝贵机会。勤奋、努力、自强不息品格的培养，既需要热情的鼓励，也需要严格的要求。而教育者只有能够率先垂范，才有十足的底气对自己的孩子或者学生严格要求。

2

美好的生命姿态可以有多种描述：意气风发、兴高采烈、神清气爽、信心百倍、爱心满满、满心欢喜……这取决于你内心的向往。人生的面实在是太多，要乐于并善于接受生活中的不完美：有权的人，也可能有罪——警车一叫，心惊肉跳；有钱的人，可能也有病；有权有势有钱还没罪也没病，却可能没有爱，或者没有好品格，或者不够有智慧……人世间宝贵的东西太多了，没有人可以全部拥有。清代养生学家石成金创作了一首《知福歌》，其中一句是："思量死去苦，活着就是福。"恭喜你是有福之人，你能看到我这则评论，说明你还活着。活着，就有无尽的可能性。知足常乐，好好活着。

3

我的《幼儿园的生命教育》，内容丰富，幼儿园教师可以听听。教师的专业成长就意味着"观念、行为、个性"三者互为因果、处于进步的状态。绝大多数人并不会充分地理解儿童的需要，因此就不会恰到好处地抓住一切契机因势利导。由于很多教师缺乏成熟的爱，对儿童的支配与控制太多，有意识地忽略掉他们的小的错误与过失上做得不够好的地方。整个幼教行业都特别需要学习。

4

很多人表达的冲动不强烈，甚至很少，我认为根本的原因是他的精神生命比较孱弱，而这孱弱又与内心的贫乏、成就动机强度不够相关。愈不表达，愈不想表达，可表达的东西就会愈少。表达的过程同时也是自我审视与成长的过程。表达，具有"教"的功能，《学记》中说"学，然后知不足；教，然后知困"。发现自己没有彻底想明白的地方，有助于思考的通透与丰富。

第五章
生活是多么美好

5

把更多的真相和真理告诉尽可能多的人,谎言弥漫的空间就会越来越小。没有了谎言与欺骗,民众的觉醒和认知能力的提高,是我们建设一个更好的社会的重要一步。凡是有良知的人,尤其是读书人,要坚持不懈、百折不挠地做好思想启蒙的工作。这是一项广结善缘、广种福田的工作,我们自己将是最大的受益者。正义感、价值感,都是幸福感的重要元素,为自己的幸福人生而活与为一个美好的社会而活,是可以相互促进、相得益彰的。

做一个有趣的人

1

作为教师,需要有一些好的方法、习惯乃至品格值得学生学习,有好的思想与情怀值得和他人分享。我忝列为教师,自忖有什么值得学生学习,似乎可以做如下的概括:一是有所执着。我有明确的努力目标,并每天都在为目标的实现而努力。人生美好的感受就一定包括总是走在通往目标实现的路上,让自己置身于进步的状态中。二是持之以恒。当我觉得做一件事是对的,我就会坚持不懈,我相信"罗马不是一天建成的",我相信累积效应。三是凡事讲理。凡事都有一个"理",要服膺真理,不要强词夺理、胡搅蛮缠,要勇于承认错误;凡事需要问个究竟,依理而行,仗义执言,言之成理。四是心存感恩。感恩使我快乐,使我乐于分享而尽可能少地索取。五是见贤思齐。向优秀的人学习,为卓越喝彩,才能更好地成就自己。六是特立独行。不盲目从众,不迷信权威,不人云亦云,不满足于已有的解释,坚守自己的判断,率性而为,自适己意。七是简单生活。我反感繁文缛节,提倡节省物用,践行环保理念。八是永葆童心。我始终保持着内心的开放与敏感,对外部世界充满好奇,活在当下,知足常乐。

2

  无论是课堂教学，还是类似于聚会这样的活动，抑或是报告或者讲座，甚至可以说，一切人类行为，"有趣"都是一个积极的因素。如果一个人的很多的时光是在兴味盎然中度过的，这对于他提升生活品质、养成健康人格都会有很好的帮助。人类行为的重要动机就包括追求"乐趣"。快乐、开心、愉悦、惬意、舒坦等都可以积淀为"幸福"，很多时候它们甚至就是幸福的直接展现。一个人生活中积极的情感愈多，他所积蓄的抵御诸如失意、困顿、沮丧、烦闷等消极情感的心理能量就愈强大。创造有趣、快乐的课堂，做一个有趣的人，虽然不一定要把它当成首要目标，当它不与正当性、神圣性产生抵牾时，可以将其作为自觉追求的一个目标。

生命的名单

我尝试着列出一个名单，这个名单中的人有我的亲人、同学、同事、学生，更多的是朋友。这个名单上的人有近百位，每一个人都符合这两个标准：一是我会常常想到（有时还属于想念），见到他会带给我心理上和精神上的愉悦；二是我乐于向他表达我的喜爱，给予他有价值的东西，比如在一起吃饭、喝茶，我心甘情愿地主动买单，送给他礼物。当然，这名单中并没有包括我的所有亲人、所有同学，更不用说所有同事和学生。我有时也想，如果每个人都用心列出这样一个名单，我的名字又会出现在哪些人的名单中？我很认同这一观点：当你想到别人，对他充满感恩与敬意时，你就幸福了；当别人想到你，对你充满感恩与敬意时，你就成功了。

两个人比较好的关系就是在彼此的名单中，并且在大致相当的位置。比如说，丈夫把妻子排在第一，可妻子把丈夫排在了二十开外，他们之间就难有心心相印的关系。人生大体是一个不等式，你的名单中有他，可他的名单中未必有你；你将他放在很重要的位置，可他未必也会把你排得靠前。还有更糟糕的：有些人，你的名单再长，也不会列上他，因为他令你耿耿于怀并且咬牙切齿。别人充满感恩与敬意的名单中有没有你，会影响到你的感受，但你的名单中有谁却更重要。如果你感恩的人成了你人生江湖中的主角，你的人生就会有更多的光风霁月。如果你憎恶的

第五章
生活是多么美好

人成了你人生江湖中的主角，你的人生就是灰暗的。

　　一个能够成为众多学生生命中的贵人的教师一定是一个优秀的教师，也更可能出现在学生感恩的名单中。而只有一个过着幸福生活的人，一个在生活中和个人追求中成功的人，一个有着丰富的、值得分享的思想与情怀的人，才有可能成为一个优秀的教师。当然，以上三点还只是必要条件，而非充分条件。成为一个优秀的教师还需要更多的条件，包括具有作为教育者的知识、耐心与技艺。一个优秀的教师与一个优秀的人之间是可以画等号的，这也是教师这个职业的特征。一个优秀的艺术家或一个优秀的设计师、工程师未必就是一个优秀的人，但一个优秀的教师一定是一个优秀的人，从而会有很多的学生对他充满感恩和敬意，进而出现在更多人的生命名单中。

人品与人脉

我的一位亲戚以前与我从未有过联系，最近加了我的微信。我很高兴。看到他在朋友圈中晒一种保健品，出于对他的信任和支持，我在他的微信上留言：你给我寄一点吧。他很快就给我寄了10盒，并告诉我每盒128元。我问他怎么给他付款，他说微信支付即可。我给他付了款，但有些不快。

为了帮助他成长，我给他讲了两点：第一点，如果你把我当成亲人，把这个东西作为礼品寄三四盒给我，让我尝一下，即使我发现这个产品我不喜欢，不想购买，但从长远来说，你的收益将要大得多。希望你明白这个世界上不是所有人都会想着要占人便宜的。第二点，你仅仅把我当成你的客户，这让我感觉不好。人世间有许多比金钱更珍贵的东西，不应因为金钱而伤害它们，而当小心呵护。后来我上网搜索，网上说这东西不具有保健价值，只是普通食品。当然，网络上的一些信息并不可信，但这东西价格虚高是毋庸置疑的。

仔细想想，我的那位亲戚的所作所为并不过分，毕竟人家做生意希望挣到钱，这也是无可厚非的，再加上也是我让他寄的。不过，主动要这东西，我的本意也包括使我们之间多一点互动的心意。只是他的交往逻辑与我的交往逻辑有些不同：我的逻辑是决不占人便宜，而且对亲友尽可能付出多一点。决定公开谈论这件事，是因为我希望大家无论做什么，要着眼于长远，不要只看到眼前的蝇头小利。人人心中都有一杆秤，没有谁比谁傻多少。那些成功的人都是乐于付出的人。"人品才是最好最重要的人脉"，此言诚哉！

说实话，我的这些想法是否适合公开发表，我心里还是有些迟疑。于是私下听了听我觉得比较有见识、有人生境界的朋友的意见，问他们"您觉得发这些是否合适"。比较一致的回答是"可以发"。我有些纠结，需要听听朋友们的意见，是因为这关系到我那位亲戚的感受、微商的形象、那种产品的声誉，甚至我个人的形象，毕竟它涉及金钱，多少有计较的意味。我想很多人遭遇这样的事，虽会有与我相近的感觉，但会保持沉默。

我觉得写下这些有一点教育意义，尽管不会给我的形象加分，但还是决定公开发表。社会进步，常常需要一些人做出一点"自我牺牲"，做出一点自觉的奉献。有时候讲真话，是需要一点敢于担待当的品格的。

"人到无求品自高"是清代文学家纪晓岚的老师陈自崖写的一副对联的下联，上联是"事能知足心常泰"。这只有在一定范围之内才是真理。这个范围就是"求"不包括如自我实现这样高层次的追求，它只能作为"贪图、觊觎"的同义词。的确，一个人如果不贪图、觊觎别人的钱财，不希冀从别人那里得到实惠、好处，他就不必瞻前顾后、曲意逢迎，更不必委曲求全、低三下四，他对于别人的不是就可以一针见血地指出，义正词严地批评。当然，这一点也不排除必要的谅解与包容。我想强调的是，如果你真能做到"无求"，你至少不会为蝇头小利而左右你的判断，你至少可以比较正直，你的品格就有了一定的水准。

为什么要建设好社会?

1

今天的中国,思想启蒙的重要内容就是:怎样的社会才是好社会,如何建设一个文明的现代国家,公民如何理性、平和却热情洋溢地参与公共生活,而非狭隘地在个人小圈子中苟且偷生。

2

"守护正义"与"珍惜生活"在一个自由、民主、文明、法治的社会中,不仅可以高度统一,而且能够相得益彰。可在一个不正常的人治社会,二者却很难真正统一,往往会顾此失彼。幸福感的元素中包括认同感、安全感、尊严感和正义感等,都与政治文明生态息息相关。在人治社会中,要珍惜生活,有时就不得不"敢怒而不敢言",忍气吞声,充当犬儒;而要守护正义,就不得不铤言犯险,因言获罪。建设法治社会,是让每一个人生活得正直、挺拔所需要的,是让正义感、尊严感,以及完整的安全感、认同感得到夯实所需要的。

第五章
生活是多么美好

3

优秀与成功之间,相关度愈高,社会的文明程度就愈高。我相信这个命题一定能够成立,尽管"优秀"与"成功",以及"好社会"都需要充分的讨论与定义。从个人来讲,优秀无非涉及两个主要方面:品格与智慧。当然,在这两方面相当的情况下,颜值高、相貌出众的人会锦上添花。而成功,人们大体有相近的标准。建设好社会的一个意义就在于:鼓励人们变得优秀,与人们乐于追求的成功之间,有着高度的一致性。这既有助于人们在追求优秀时变得更有动力,也有助于人们取得更大的成功。

4

一个好的社会应有一种机制与氛围让很多人变得优秀乃至杰出与卓越,也应让哪怕是极其庸常的普罗大众也能过着非常有格调、有品质、有尊严的生活。但这只是事情的一面。好社会是建设出来的。因此,更多的人,乃至每一个人,都应该问问自己:我有什么闪光点,我有什么过人之处。有成千上万的方面,成千上万的事情,你能把某个方面、某件事情做到一定品位,你就会有非常广阔的舞台。

5

建设好社会,人们需要寄望于伟大的制度,而非伟大的人物。这作为现代文明的常识,仍有待普及。"伟人之所以伟大,那是因为你跪着",这句话是很有道理的。毋庸置疑,有的人发展程度更高,有更卓越的品格与智慧。几乎所有人,谁动了他的奶酪,也都面目狰狞。只是有些人比较幸运,不曾遇到觊觎他奶酪的莽撞之人。仅此而已。

6

我作为教育学的理论工作者,十分关注好社会的建设。原因就在于:几乎所有的教育问题,归根到底都是社会问题。不解决社会问题,而想解决教育问题,多为舍本逐末乃至缘木求鱼。你找不出任何一个个案:社会不好,而教育不错。更何况,好社会的存在及其他的建设过程就是最好的教育过程,它会将这些充满正义与高贵的精神与原则渗透到正规教育的方方面面。我们的教师无法无视社会的种种规则和规范去展示自我。

第五章
生活是多么美好

向所有拥有高贵灵魂的教师致敬

当我们在物质上日益告别了贫困,并且在物质上变得富有的今天,我们中的部分人就完全有可能去追求精神的高贵。富,然后贵,这也是人类文明发展的逻辑。可今天在我们的社会中,物质主义、消费主义甚嚣尘上,对物质的无限渴望导致的精神荒芜、意义丧失、价值凋零,呼唤着人们校准人生的方向:向往美好,追求高贵。那么,真正的高贵意味着什么呢?

一个物欲过强的人,是不可能有高贵的灵魂的,物欲会锈蚀灵魂,一个贪婪的人也必然会不顾个人尊严去满足自己的欲望。这样的人最容易被权力招安,被利益收买,被小恩小惠笼络,因为他们没有节操,没有脊梁,他们最易见利忘义、背信弃义,甚至不惜过河拆桥、忘恩负义、恩将仇报。

由爱生恨的故事天天都在上演。爱之所以成为恨的缘由,就在于他没有高贵的灵魂。因为没有高贵的灵魂,所谓的"爱"不过是自私的爱,而不是健康和成熟的爱。有高贵作为精神底色的爱,永远也不会变成恨。或者说,在内心高贵的人们心中,是不会有恨的,只有宽恕与悲悯。当一个人说出"光脚的不怕穿鞋的"以此要挟对方时,这背后只有自轻自贱。对于缺乏高贵灵魂的人,一段感情可能以吸引和激情开始,或者以误解开始,却往往会以恩断义绝的怨恨甚至更为不堪而结束,丑陋代替了美好,双方不仅成为陌路,而且怨恨日深。只有具有高贵灵魂的人,才有能力去成就美好，留存美好。高贵的人不自恋、不自负，也不自卑和自贱，当然也不会自虐和自我遮蔽。他能够做到"举世而誉之而不加劝，举世而非之而不加沮"，取得成就时由衷地高兴却不沾沾自喜、卖弄炫耀，身处逆境也不会垂头丧气、怨天尤人、自暴自弃，而是卧薪尝胆，从容、淡定。傲慢、冷漠的人，缺少的恰恰是高贵。

高贵的人平易、随和、朴素，正如子夏所描述的那样："君子有三变：望之俨然，即之也温，听其言也厉。"生命的庄严感、工作的庄严感，都源于内心的高贵。高贵会表现为不管经受怎样的误解、委屈，仍然不会去践踏别人，也不会践踏自己的尊严，正如孔子所宣称的："人不知而不愠，不亦君子乎？"高贵的人不会献媚邀宠，也不会冒犯别人的尊严。苏轼在《留侯论》中这样赞颂张良："匹夫见辱，拔剑而起，挺身而斗，此不足为勇也。天下有大勇者，卒然临之而不惊，无故加之而不怒。此其所挟持者甚大，而其志甚远也。"一个猥琐卑劣的人，即使有亿万身家，也掩饰不住他的市侩与俗气；而一个心灵高贵的人，即使暂时贫穷，也遮掩不了他气质上的光华。何况一个有高贵心灵的人，是一定不会满足现状，甘于平庸的，他总是要寻求发展，体现自己的价值，这种人自然也能够变得富有。高贵源于一种自我期许。如果你内心认定自己是高贵的，你就会用高贵的标准要求自己，也就会努力使自己变得真正高贵。在人的一生中，如果没有一种自我期许，没有一种精神的支柱，我们又如何度过这漫长的时光呢？也许一生都会无聊、痛苦，这时各种低劣的人性就会侵蚀、统治我们的心灵，我们就会在无穷无尽的欲望中挣扎。"倘若人不是诗人、猜谜者和偶然的拯救者，我如何能忍受做人。"（尼采）是人是兽，是高贵的人还是卑劣的人，是由我们的心灵决定的。高贵的心灵绝不会在庸俗的泥淖中沉沦。

如何让我们的孩子从小受到高贵精神的哺育和滋养，这是值得教育家们认真思考的问题。印度加尔各答的"儿童之家"墙上镌刻着德蕾莎修女对于世人的劝诫："人们不讲道理，思想谬误，以自我为中心，不管怎样，总是要爱他们。如果你做善事，人们说你自私自利、别有用心，不管怎样，总是要做善事。如果你成功以后，身边尽是假的朋友和真的敌人，不管怎样，总是要成功。你所做的善事明天就会被遗忘，不管怎样，总是要做善事。诚实与坦率使你易受攻击，不管怎样，总是要诚实与坦率。你耗费数年所建设的可能毁于一旦，不管怎样，总是要建设。人们确实需要帮助，然而如果你帮助他们，却可能遭到攻击，不管怎样，总是要帮助。将你所拥有最好的东西献给世界，你可能会被踢掉牙齿，不管怎样，总是要将你所拥有最好的东西献给世界。"

阿根廷现代文学先驱埃内斯托·萨瓦托说得好："人总是艰难地构造那些无法理解的幻想，因为这样，他才能从中得到体现。人所以追求永恒，因为他总得失去；人所以渴求完美，因为他有缺陷；人所以渴望纯洁，因为他易于堕落。"为了抗拒生活的碎屑与平庸，我们渴望高贵。拥有丰富、深刻、高贵的心灵，这在我看来是人生唯一值得追求的生命境界，对于我们普罗大众来说，只能是"虽不能至，心向往之"。让我们满怀敬意地向高贵的灵魂致敬！

第六章
成长是人生恒久的灿烂

人生不能缺失的东西太多太多，爱情、亲情、健康、朋友，等等。但我认为，人最不能缺失的应该是自由的精神，不依附于任何外在东西的精神。

五十述怀

人生就是一段旅程。对于今天的我来说,这段旅程至少是行程过半。五十年的岁月,赋予我的是求索的动力和感恩的心。

生命成长是一件神奇而美好的事情。一个人的成长除了自然成熟的影响外,还取决于他经历过怎样的事,读过怎样的书,结交了怎样的人,到过哪些地方。而更重要的是他拥有怎样的社会资本以及受到过怎样的教育和训练。这几个方面在一个人全面而和谐地成长中都有着重要影响。

我始终保持着认识的兴趣和探索的兴趣,并将其视为我真正拥有的财富。有道是"人生得意山水间"。但我到国外旅游,主要是试图亲身感受那里的人们的生存状况,感受旅游目的地的文明程度。至于欣赏自然风景或名胜古迹倒在其次。当然也想对自己有个交代:那个地方我曾留下足迹,那里的风土人情我不只是听说,而是有过亲身经历后获得的见闻。每当在电视上看到我曾去过的地方,都会有一种亲切感,并伴随着美好的回忆。

我曾经写过《通过旅游而获得成长》的文章。现在看来,关于旅游的价值,其实并没有人们想象或期望的那么大。"读万卷书"比"行万里路"更重要。在某种意义上,对于个人成长和内心世界的丰富,尤其就深刻来说,间接经验远远比直接经验更重要,只是直接经验也必不可少。比如,没有见过大海的人,应该去海边看看。但海就是海,全世界的海都一样,尽管具体风景有些不太一样。康德没有很丰富的旅行经验,而是通过阅读和思考成为思想巨人。台湾的李敖在来大陆之前,他就没有离开过台湾岛,也是通过阅读与思考而成为饱学之士且著述颇丰。世界的每一个地方都值得去,因为它都是这个星球上的唯一。但几乎绝大多数地方都不值得花那么多的时间去。"那么多"究竟是多少?每一个人对时间的概念是不一样的,有人时间多得需要打发,有人惜时如金依然总感到岁月匆匆。

人在特殊的境遇中往往会有独特的感怀,我试图为自己去创造更多的特殊的境遇,发现自我也发现世界。年过半百,有时会回首人生路。作为一个探索人的成长的专业人员,这就有了些特别的价值。大学毕业多年后我才意识到自己的起点是多么低,尽管大家的起点都不很高,但毕竟还是有高低之分的。起点低意味着爱的能力、理解他人的能力、与人共处的能力弱,就会表现出缺乏宽容、自私狭隘的一面,表现出诸多的可笑甚至令人生厌的言行。我也没有遇到具有很高专业水准的老师给予特别的辅导和指引。在文明程度比较高的社会中,像我这样的人属于有特殊教育的需要的人,在成长过程中需要特殊的帮助。而在我的成长历程中,几乎没有其他人(除了我太太)理解到这一点,包括我们那些研究教育学的老师。前些年和一位老先生聊天,他曾多次问我:"你没有发现自己有什么缺点吗?"当时我都没有能够做出正面回答。现在如果他再问,我就可以坦然地告诉他,我是属于有性格缺陷、情绪障碍和交往障碍的人。这会表现在过于以自我为中心,不会谦让和妥协,有时还会表现出狭隘和小气,不能顾及他人的感受。一言以蔽之,就是社会性发展比较差。几年前,和叶澜先生一起共进午餐,她对我说:"学会交往。"叶澜先生

第六章
成长是人生恒久的灿烂

一定是听说了或观察到了我的一些所作所为，她才有针对性地这么说的。"学会交往"这四个字我经常想起。今天，我能够认识到，保持自己的自由精神和独立人格与顾及别人的感受、呵护别人的自尊与自信是并不矛盾的。作为教师的专业知识，包括两个方面，一类是作为教育者的知识，另一类是学科知识。从小学到大学的教师，普遍缺少的是第一类知识。

在社会关系建立的最初阶段，社会性发展程度不高会表现出很大的局限。有的人能超越这种局限，而有的人则不能。能超越这种局限的人在一定程度上会表现出他的优势，即特立独行、笑傲人生、不随波逐流，不过分在乎世俗的功名和评价。而后者会一直生活在充满抱怨、不如意的境况中。我想我属于超越了这种局限的人。因为我手中没有权力，没有与人进行利益交换的筹码，所以我能够更多地感到人间真情，感受到人们对于学问与读书人的敬重。因此，我由衷地感到，人生充满了缺憾，但仍旧十分美好。

在中国教育界，我有三点是引以为傲的。一是在生命教育领域，我做了系统的探索：不仅主编了从小学到大学的生命教育教材和读物，系统论述了生命教育和公民教育作为现代教育的两大支柱，而且推动成立了生命教育研究中心和全国性的生命教育学会，确立了数百所生命教育实验学校，并产生了广泛的社会影响。二是在教育随笔的创作上努力探索并形成了一定的表述风格，影响了千千万万的中小学教师的教育阅读和写作。我诸多的文字，虽说不上是研究成果，但它是思想的成果；虽算不上学术成就，但它是人生的成就。自由表达最有可能形成公共理性，消解极端言论的影响力，让人们更全面地掌握有关事情的信息，最后达成对一个事件的整体理解和把握，还原真相，并使事情的发展朝着正确的方向传递正能量。三是我做的讲座、培训报告、学术报告不仅场次多,主题也比较多,因而到过的地方和学校也比较多。从国培到省培、市培,再到校本培训,从各种会议到民间机构组织的各种活动,邀请我做讲座的邀约不断。这使得我有机会几乎走遍神州大地的每一个角落:从东莞的虎门到阿勒泰的布尔津,从崇左的凭祥到佳木斯的赫哲村寨……留下我足迹的地方,也在我心中留下温暖的回忆。

这也成为我传播教育理想、实现思想启蒙的广阔舞台。面对着从大学校长到幼儿园教师,从学生家长到中小学生,我自觉地肩负起公共知识分子的职责与使命,竭力推崇现代文明的共同价值,并以此为听众开启赋予人们向上和希望、让生活变得圆满的动力之门。我详尽地阐释着好学校的标准、表达着对于良好教育的向往;论述着"教育是建基于信念的事业""优质教育源于善好生活""为学生的幸福人生奠基是教育唯一正当的追求",分析着"专业成长何以有助于教师幸福人生的营造",教师生活幸福指数的提高又如何有助于社会文明的进步;不厌其烦地解释什么是"个人自由"、什么是"社会公正"等;提出学校文化应该是"笑声朗朗,书声琅琅,歌声朗朗";强调培养学生健康人格与发展学生批判性思考力的重要性;建议在高中开设知识论的课程,强调人文学科教学的哲理内涵和理性色彩;详尽阐述有效教学的课堂特征和条件以及策略;勉励教师懂得尽可能多一点,成为真正的读书人,进而成为真正的知识分子,一生都走在通往博学的路上……

我对我从事的职业有着很高的认同感与自豪感,经常觉得大学教师是天底下最好的职业。因为它的职责就是"发现"并"传播"真理,这也正是我的兴趣所在并乐此不疲。

从事不同的职业需要不同的性格。作为一个好老师,特别需要和谐的个性。因为只有这样的人,才会比较有亲和力。我的性格决定了我不太可能是一个优秀的教师。庆幸的是,大学有些不同于中小学,大学更加开放和更加具有包容性。这在很大程度上弥补了我的性格缺陷。性格的缺陷并不会妨碍一个人成为思想者,甚至是卓越的思想者,反倒在一定程度上有助于用独特的视角看待世界、评论是非,有助于将犀利的视角深入底里。

作为教师,我们能不能成为一些学生生命中的贵人,成为他们的恩师,也是彼此的造化。在人的一生中,遇到什么人,在很大程度上是无法选择的,这就是命运的一部分。在这个世界上,除了父母,没有人有义务要对你好。如果有人对你好,那是彼此的造化。在这个世界上,有很多人每当我想起他们,我的心中都会感到温暖,感到庆幸,充满感恩。

我一直生活在自己的世界中——其实每一个人都一样,只是程度的不同。这带给我们的是有局限、残缺却又完整的世界。遇到过的给你留下印象的人和经历过并且给你带来影响的事走进了我们的记忆并构成了我们的人生。思想者是这样一类人:他们从无数的个案中去窥见人生无常中的"有常",去努力地把握纷繁多变的世相背后的"一",在"一多互摄"中去感受人生与世界的奇妙与魅力。即使是卓越的思想家,也不见得是世俗意义上的智者,但他一定要是一个自觉地舍身求"法"的人。没有一个人可以碰巧成为一个思想家。自觉的积累和不经意间的积淀,促成恍然之间的洞见。

年过半百,大多有岁月匆匆之感和来日无多的惶惑。现在我总怀着感恩的心，感恩生活，感恩命运。我曾对我的过往做过无数的假设，但我都想象不出比现在更好的境况——假如1984年我公费出国留学，假如我没犯那个错误，假如我抓住了那个机会……

　　人生不能缺失的东西太多太多，爱情、亲情、健康、朋友，等等。但我认为，人最不能缺失的应该是自由的精神，不依附于任何外在东西的精神。自由是我希望达到的境界，即不受制于权势、名望与财富的精神自由。只有在一个健全的社会中，在一个文明的国度中，个人才有可能取得更多的人生成就。没有好社会，至少对于绝大多数个人来说，不会有好的人生。在一个好社会中，个人成就主要取决于天赋、努力与品格。因此，为了生命的教育，为了成全更多的个人，我们每一个人都更需要承担起建设一个好社会的责任。我梦寐以求并以我可能的方式去切实努力的是如何将我们的国家建设成一个现代化国家。因为我们国家的文明程度既关涉我们的国际形象，也实实在在地影响着我们每一个人的生活热情和生命质量。我们每一个人以及我们的教育在其中可能具有的作为，是我力图用我全部有限的智慧探索的核心主题。

　　用比较高的标准来看，我算不上是一个认真生活的人，但还算得上是一个认真体味生活的人。孔子说"五十而知天命"。半个世纪的岁月让我完成了对命运的认领。我越来越相信命运，这也许就是岁月给我的馈赠吧。人生就是一段自作自受的旅程，因果轮回谁也逃脱不了。"看得见的是生活，看不见的是命运。"在过往的岁月里，我有过许多的荒唐，也有过许多的侥幸，曾经没有节制地挥霍健康、透支生命。虽然也经历过一点点痛苦与挣扎，但很幸运，还算得上是一帆风顺，平平安安，且小有斩获。

第六章
成长是人生恒久的灿烂

我没能少年得志，但还有可能大器晚成。而且，我相信大器晚成的人比起那些少年得志的人更加厚重，生命更加具有质感。我可以欣然地在有爱、有使命相伴的年华里慢慢地老去，每夜在喧嚣的都市安然入睡。不管风雨中花落多少，我依然可以微笑着迎接黎明。

手杖

1

如今，只要我在北京，每天都会步行不少于6 000步。我喜欢拄着一根手杖。这不仅是为了保护膝盖，更是我的一个癖好。法国社会学家布尔迪厄曾在《区分：判断力的社会批判》中指出，任何个人的趣味都不是自然的和纯粹的，都是习性、资本和场域相互作用的结果。我为什么会有此癖好？这大概可以追溯到我的童年：我大概六七岁的时候，去我大伯父、二伯父家，他们住在离我家大约有一公里的名叫周家湾的屋场。去他们家总会遇到狗，有时会有好几只狗同时来袭（以至我过往的梦里有过多次被狗追逐的场景），那恐惧可谓刻骨铭心。当时我想手中要是有根棍子，我就不怕它们了。这就意味着，在我的潜意识里，棍子、手杖之类的东西会增强我的心理安全感。而安全感作为影响一个人幸福感的最重要的元素，是人们很深刻和很隐秘的心理需求。

2

我十七岁上大学时，认识的第一位大人物就是钟敬文先生：八○级新生开学典礼在食堂举行，我们班在北门入口排队，我看见一位精神矍铄、儒雅慈祥、手中拿着手杖的老先生从北门进入。后来，主持人介绍主席台上就座的老师，我才知道他是中文系很大牌的教授——中国民俗学的泰斗（现在推算，当时钟先生已是七十七岁高龄的老人了）。此后我在北师大直到钟先生2002年仙逝之前的二十多年里，常常看到他老人家拄着或拿着手杖在校园散步，那成为我心中一道亮丽的风景。我甚至猜想：钟先生能够如此长寿，与他手中的那根手杖一定大有关系。很多年以前，我就对我的晚年有一种向往，向往晚年那种超然物外的心态，那种"从心所欲而不逾矩"的生命境界，这大概也与钟先生和他手中的手杖有关。

3

我一个人拄着手杖走在少有熟人的路上，感觉极好：信心满满、满心欢喜地健步如飞。可只要和我太太一起去散步，很多时候都会为要不要带手杖产生争执。有时她让步，有时我放弃。我儿子常站在我一边："就让我爸带着手杖吧。"这时，我太太就默许了。她反对我拄手杖的原因是，我腿脚利索，拄拐总会招来他人奇怪的目光，或者熟人关切的询问："您怎么了？"对于人们的问询要解释清楚还颇费口舌。人们对事情的解释受着他们解释系统的影响。在绝大多数人的眼中，只有腿脚有毛病的人，才会拄拐杖。你很难要求人们都有一个开放的解释系统。完全可以说，心灵的开放本质上是对世界解释系统的开放。尊重他人对社会无害的癖好是社会文明的表现，也有益于社会文明的进步。

拐杖，准确地说，我拿的叫"手杖"，在乡间则叫作"打狗棍"。我最近发现它还有一个功能——防身。有时身边走过出来遛狗的人,狗却未拴绳。小狗自然不要紧,可很大的狗,狗主人不拴着它,就让人心生恐惧。有根棍子在手,恐惧就会消释。我还发现手杖不仅可以给自己壮胆,同时能对恶人起到震慑的作用。的确,手杖不仅可以作为防身的武器,有时还可以作为健身的器材、延伸的手臂以及耍酷的道具。在17世纪至20世纪上半叶,英国等西方国家流行的"绅士手杖",则是装饰与身份标志,那就是另一回事了。在那个年代的英国,手杖的主要作用不是辅助行走,而是男性灵魂的表达,是财富、社会地位和权力的象征,有点像国王的权杖、魔法师的魔法棒一样不可或缺。布尔迪厄关于"趣味"的观点,在这里也能得到支持。由此看来,我爱手杖,大概还有点我不愿公开承认的附庸风雅的粗鄙动机在作祟。不过,我还是希望在我八九十岁生日时,亲友能送我不同材质、不同风格的手杖。

今天去参加院里的例会,我拿着手杖。遇到好几位同事,他们都很有些不解。其中有一位是我的好友,一位著名的学者,我反问他:"你对此会做出何种解释?"他欲言又止时,我自嘲道:"扮酷。"其实,这并非真实的原因。很长时间内,因为内心不够强大,遭受了不小的群体压力,我仍然保留着这一癖好。一个文明程度比较高的社会,不仅会有比例较高的特立独行的人,社会成员中也会有更多对于"另类"抱有多元、开放的解释系统和包容的态度的人。我的亲人对于我这一癖好的欣然接纳鼓舞了我,我手持手杖外出的频率会增加。我也希望有更多的人能够对此见怪不怪。

第六章
成长是人生恒久的灿烂

放牛娃进京四十年

四十年前的今天,我持无座火车票从长沙乘绿皮火车经过二十六小时的颠簸到达北京,与我同行的有考上北师大经济系的狄承锋同学。上车后没有座,过了武昌我们才找到一个座位,然后换着坐。到了北京站,北师大接新生的车把我们拉到北师大东南门。在校门口,两个小伙子帮我把行李抬到西北楼的305房间。后来才知道,帮我抬行李的是我们班的同学王竞和胡巍。

昨天晚上我久久不能入睡,回想四十年前,最深切的感受就是:真快啊,怎么就四十年了?这四十年可是我人生中最重要的四十年。

我在北师大度过的这四十年,大体可分为前二十年与后二十年。

前二十年,主要是打基础,是以积累为主。尽管我对我大学本科时期的老师,绝大多数评价都不高,有的人在我看来仅仅是初通文墨,既谈不上有深厚的学养,更谈不上具备方法论自觉。

那时的文科,尤其是教育学真是没什么可学的。也难怪,一场运动刚结束没几年,百废待兴。经历了长长的黑白颠倒的岁月,人们都还懵懵懂懂的。值得庆幸的是,现在的情况有很大改观。

2000年以后,随着新课程改革在全国范围内的展开,教师培训需求旺盛,我二十年的积累终于派上了用场。

大学二年级的寒假我回到家乡,我高中时期的邹平老师已调到教育部门,他请我为全区的学校领导做讲座;也是大学二年级下学期的"教育学"课上,王策三老师鼓励我给班上的同学讲"布鲁纳的发现学习";大学三年级的寒假,我的邻居姐姐担任县团委书记,她让我给全县的团干部做讲座……

我仿佛就是为讲座而生的:生活中,我显得有些木讷,可在讲台上却能够口若悬河,娓娓道来。1999年寒假,北师大教育学院在秦皇岛市举办教育学硕士课程班,院里派我去讲"教育原理":第一天报名参加的是57人,到第四天就激增到198人……

当时的秦皇岛市教育局师资科科长李彪正负责课程班的招生工作,我们因此而成为莫逆之交。前不久我去看望他,他还很高兴地谈及这事。到目前为止,在全国各地,我所做的讲座就有两千多场,讲座邀约已经排到下个月底。

正是因为讲座,我得以踏遍祖国的万水千山。

北师大,我学习、工作与生活的地方,给我薪酬与舞台的机构,我熟悉她的每一个角落,我珍视她的一草一木……未来的日子里,我想我还可以不断地行走与言说,去见证自由与美好。

在过往的岁月中,我一直都是散漫的,用一种游戏人生的态度打量着这个世界。

接下来我有一个机会去做一个很纯粹的、真正意义上的有限的却是对学生的成长来说"完整"的校长。虽是兼职,我却可以去体验一下"责任在肩、倾情投入"的生活。

最近,我提出"四个自觉"(生命的自觉、方法论的自觉、正当性的自觉、言说的自觉)与"四个统一"(自强不息与从容淡定的统一、悦纳自我与低调谦恭的统一、特立独行与和善通达的统一、追求卓越与知足常乐的统一)用以自勉。

第六章
成长是人生恒久的灿烂

易中天说:"现状不可描述,未来无法预测,一切皆有可能。"我深以为然。不管未来怎样,我都乐意以笑傲江湖的生命姿态迎接每一个黎明。

旅行的意义

1

关于旅游,我似乎总有话说。我阅读时,常常觉得受到它的恩惠。《西方文明的另类历史——被我们忽略的真实故事》,读来饶有趣味。其中一则讲到法国国王路易十六在凡尔赛宫参观展览,因本·富兰克林的纪念头像下面用拉丁文写着一排字——"他从天空抓到雷电,从专制统治者手中夺回权力",国王便命令工匠们做一只便壶,把富兰克林的头像印在底部。多年以后,在对着富兰克林的头像撒过不计其数的尿之后,路易十六的头被砍了下来,扔在了屠刀旁的篮子里……凡尔赛宫今犹在,当年的国王早已灰飞烟灭,费城的大街小巷却到处都有本·富兰克林的影子。旅游的记忆能拉近心灵与文字的距离。

2

我曾对"旅游"下过这样一个定义:旅游就是通过眼睛把世界装进你的心里。现在,我想修正为:旅游就是通过你所有的感官把世界装进你的心里。理由是,不只是视觉,还有听觉、味觉和触觉等都参与了对外部世界信息的选择与接受。我们在伊斯坦布尔的四个晚上都住在离蓝色清真寺和圣索菲亚大教堂直线距离不超过 150 米的圣索菲亚大酒店。每天到下午整点时，清真寺的高音喇叭都会传出洪亮的诵经声音。由于那里有好几座大小不一的清真寺，声音此起彼伏，好不热闹，直到当地时间的晚上十一点。我不知道只是穆斯林的斋月期间如此，还是一年四季天天如此。听到这声音，不同文化背景的人自然会有不同的感怀。建筑、人群、图像、声音、气味、天气、树木花草等都成为某种氛围的元素。在某种氛围中，我们接受与加工信息。

3

这段话是从微信上看到的，不知是谁的原创："船停在码头是最安全的，但那不是造船的目的；人待在家里是最舒服的，但那不是人生的追求。回首过往你会发现，最清晰的脚印，往往印在最泥泞的道路上。"虽说不上有多深刻，但表达比较到位。我以为人生的目标，唯有让自己变得更卓越才是有价值的。尽管让自己变得卓越有多种途径，但概括地说，不过就是读书、行路、阅人、历事。当然，研究最为高级，也最艰深。

4

迪拜是一座独特的城市：鳞次栉比的高楼大厦、遍布全城的高端酒店、水域浩瀚的波斯湾、风格迥异的巨型建筑……无论是七星级的帆船酒店，棕榈岛上的亚特兰蒂斯酒店，还是世界最高建筑哈利法塔，无不极尽奢华。有两种人可以来迪拜：一种是极力想了解人类多样性的思想者，一种是钱多得实在没处花的土豪。这里吃住行的花费一点儿也不亚于消费水平最高的欧美国家。可迪拜是不可复制的，对于人类的可持续发展来说，一个迪拜就已经太多。

5

希腊是举世公认的文明古国，有着极其辉煌的古代文明。众多的2600多年前的建筑，虽然今天看上去都是断壁残垣，但从依然巍然挺立的高大的、富丽堂皇的石柱与横梁，仍可想象当时建筑艺术的卓绝与非凡。文明是一个整体，从建筑的宏伟可以窥见其发展程度。走在今天乱石嶙峋的卫城，想象当年"雅典三杰"都应该是到过这里的。站在卫城鸟瞰雅典全城，层层叠叠，有几分凌乱，可走街串巷却另有一番美感。只是今天的希腊人看上去像秋后的茄子，精气神不太好。不过，瘦死的骆驼比马大，希腊总人口才1000多万，光旅游收入就够他们过上还不错的生活了。

第六章
成长是人生恒久的灿烂

人与人的关系,就像多米诺骨牌

1

据报道,陕西省商洛市商丹高新中学教师王某频频辱骂班级女生,被给予记过处分并撤销教师资格。对此,我表示支持。作为教师,口不择言就不对,属于专业素养不高的表现。而对学生频频辱骂,就不仅是师德败坏,而且涉嫌违法。对这样的人,不仅要清除出教师队伍,也需要给予其心理治疗:这样的人很可能有严重的情绪障碍、心理扭曲或精神分裂。我建议相关部门对待这类老师应多给予他们一些心理关爱,不要"一开了之"。这样做主要基于两点,一是关心每一个人,是人道主义的要求;二是防止其因心理失衡而发生恶性事件。

2

班主任作为教育者,其工作的主要着力点有如下六点:一是表达期望。期望应该是合理的、明确的。这是班主任帮助学生确立人生目标、激发学习动机、唤起成长渴望所需要的。期望既可以是针对全班同学提出的,也可以是对某一个或某些同学提出的。二是行为示范。包括怎么样说话、与不同社会阶层的人的交往、情绪的自我管理，甚至包括穿着打扮。三是对学生的甄别、诊断与评价。对学生具有的潜能、学习偏好、成长障碍做出正确的甄别、诊断与评价。这是当前绝大多数班主任的短板。四是帮助学生解难释疑。这既包括学业上的，也包括人生方面的。五是班级活动的策划与组织。六是与家长及其他学科教师的沟通与交流。班主任应是一个更完全的教育者。

3

培养学生敏感的心灵、丰富的体验、细腻的感受是完整的人的教育所需要的。因此，在学校教育中，让学生有较多的活动、更多的参与、更多的平等交往与对话、更多的美感陶冶，更多地与自然界交融，更多地感受到被人欣赏、被人关爱的温暖与幸福，这就是情感教育的现实途径；在情感教育中，既要有春风化雨、润物无声的感化与陶冶，又要抓住一些教育契机使学生获得高峰体验，使学生获得"登山则情满于山，观海则意溢于海"的性情修养，朝着最终达到"得失在所不计，毁誉无动于衷"的生命境界而努力。

4

教师的专业成熟包括这样三个方面的内容：专业眼光——能用发展的眼光、教育的眼光看待学生，用整体的、和谐的眼光看待教育性活动；专业品质——建基于教育理想与信念、体现于日常的细微的行为之中的以身作则、率先垂范；专业技能——课堂监控、演示讲解、练习指导等方面的技能。

5

教师教学艺术创生的能力，取决于教学经验的丰富程度，取决于对教学模式驾驭的娴熟程度，更取决于教师的资质和精神修养，这就是人们常说的运用之妙，在乎一心。假如你是一个内心世界非常丰富的人，一个富有爱心和教养的人，一个富有想象力和创造性的人，一个能够唤起人们对生活的热爱与柔情的人，一个能够"学而不厌，诲人不倦"的人，那么你不仅可以成为一个优秀的教师，你也一定能胜任许多其他的工作。相反，假如你是一个内心世界苍白和贫乏的人，一个麻木和粗俗不堪的人，一个平庸和猥琐的人，一个不学无术的人，那么，你不仅不会是一个合格的教师，而且你所能胜任的工作恐怕也是少之又少。

6

人与人的关系，就像多米诺骨牌。我们共存于一个社会生态之中，因而在日常生活中，我们每一个人都是天然的教育者和受教育者。我们如何看待世界和人生，我们崇尚什么和鄙薄什么，我们如何待人接物，我们的气度和胸襟……这所有的一切，都会对你直接和间接交往的人产生影响。这就是马克思所说的"每个人的自由发展是一切人的自由发展的条件"，因而我们每个人的发展水平都取决于我们直接或间接交往的所有人的发展水平。

运用之妙,存乎一心

1

学生是有着完整的人的生命表现形态、处于发展中的、以学习为义务的人。"学生"一词可以从"人"是自然存在、社会存在和精神存在三个层面来解读:学生学习是掌握生存的常识和技能,以便独立地面对世界;学生学习是遵从生活规律与规范,以便和谐地与人相处;学生学习是探索生命的价值与意义,以便有尊严地立于天地之间。

2

根据国外学者的研究成果,自主学习,概括地说就是"自我导向、自我激励、自我监控"学习。具体地说,它具有以下四个方面的特征:

①学习者参与并确定对自己有意义的学习目标的提出,自己确定学习进度,参与设计评价指标。

②学习者积极思考和提出各种思考策略和学习策略,在解决问题中学习。

③学习者在学习过程中有感情地投入,学习过程有内在动力

的支持，能从学习中获得积极的情感体验。

④学习者在学习的过程中能对认知活动进行自我监控，并做出相应的调适。

这里所说的自主学习是指教学条件下的学生的高品质学习。所有的能有效地促进学生发展的学习，都一定是自主学习。大量的观察和研究充分证明，只有在如下的情况下，学生的学习才会是真正的有效学习：感觉到别人在关心他们，对他们正在学习的内容很好奇，积极地参与到学习过程中，在任务完成后得到适当的反馈，看到了成功的机会，对正在学习的东西感兴趣并觉得富有挑战性，感觉他们正在做有意义的事情。要促进学生的自主发展，就必须努力创设能最大可能地让学生参与到自主学习中来的情境与氛围。

3

教学的原则和方法，那就是启和发：个人的成长经常表现为内心的敞亮，表现为茅塞顿开、豁然开朗、悠然心会；启发，即心智的开启、思想的祛弊、潜能的开发。今天我们谈"启发"，就不能不注意到理性霸权和教师权威在知识教育中的消极作用。理性霸权所孵化的知识暴力，挤压着我们的心理空间和精神空间；对知识的膜拜，压抑甚至毁灭着我们的创造力。在课堂上，学生俊逸的才情、明锐深刻的洞察，因来自教师权威的压力，学生缺乏足够的自信而不能张扬和生发。为了在教学方法上适应创新教育的要求，布鲁纳的"发现学习"和施瓦布的"探究学习"值得认真借鉴。

学者的节操

1

相对于"有钱",我更加看重"有见识",这两者之间又多少有些相关。首先,有见识的人似乎更容易赚到钱。我的一位校友,也是我的老乡,我和认识他的几位朋友都认为他比较有见识,他也是富人。以他为例,可以看出,有见识,就选项目准,用人得当,经营有方,待人厚道,事业也容易做大。其次,财务自由,行走、交往也比较自由,见识就能不断丰富、拓展与提升。为什么有见识比有钱更重要?那是因为,有见识的人才能活得通透、洒脱、有趣味。要有见识,多读书是有必要的,但有意义的交往更重要。有意义的交往,真诚,深入,富有建设性。

2

我会建议或提醒我的同事们:千万不要把学术当作"投名状"或"敲门砖"以求被谁看中,从而曲学阿世。我现在的同事都很有学者的节操。抄袭、剽窃是学者的污点,尤其是打着"学术"的幌子卖身投靠。这些话都很不合时宜,但我始终认为"学术只能服膺真理而非其他"。真理,才应该是高高飘扬在学术领域的旗帜。学术，是人所为。人的问题，从根本上说是价值观的问题。

3

孔子讲的"己所不欲，勿施于人"，简单而又天经地义：你自己不想或者也没有做到，你硬要别人如何如何，岂有此理？更何况，己所欲，也应慎施于人。直白点说就是，你热衷于怎么做且乐于怎么做，那是你的事，别人不见得也非得如此。凡是"要求、号召"别人"牺牲、奉献"的说辞，都需要警惕。一人对另一人表达"意图"，从重到轻大致为：责令、命令、奉劝、告诫、号召、要求、希望、建议、恳请、期盼……老师对待学生，可以遵循由轻到重的原则。

4

"有钱，乡下是净土；没钱，乡下净是土。"这就是我心仪的"有意味的"表达。有钱，不受生计困扰，更能够以审美的眼光看待周遭的一切；而没有钱，容易心态不佳，克服困难的办法也更有限，所以看到的"净是土"。这就是所谓的"境由心生"。说到有钱人，我想起二十年前认识的一个朋友，他当时就是亿万富翁。后来他一直打拼，我们很少联系。最近，他事业稳定，日进斗金，也有空常常与我在一起聊聊天。他非常坦诚，做事情很规范，钱赚得心安理得，对手下的员工也很厚道。从他身上我看到一个精英所拥有的良好品格：执着、朴素、节俭、率真、勤奋。

人为什么需要成功？

1

人为什么需要成功？我的回答是：成功是人在成长历程中的里程碑，是人进一步成长的推动力。人如果有成就动机，就不太可能没有目标地混日子，就不太可能得过且过，就有可能养成一种宝贵的品格——坚毅。有句话说得好："成功的路上并不拥挤，因为能够坚持下来的人不多。"成功会带给人成就感，带给人自豪感与自信心，会提升人的自我评价，从而提高个人生活的满意度与幸福指数。从整体上讲，成功的人有着更良性的气场，有更多好的品格。

2

大多数人的一生中既会有一些高光时刻，也会有一些至暗时刻。当然，何谓"高光"，何谓"至暗"，与个人的价值观与追求相关。有人说："这片土地上，穷人觉得钱重要，富人觉得安全重要，学生觉得分数重要，官员觉得职务重要……只有少数人觉得良知、尊严和公平最重要！"这段话大体上是比较客观的。把良知、尊严和公平作为价值追求的人是有福的、令人尊敬的。

3

一个人的博大,在于他的兼收并蓄,始终保持内心的开放,对自己的观点抱以审慎的态度,而对与己不同的观点也能看到它的合理之处。自以为是、"一根筋"其实本质上就是狭隘,是性格上缺失通达与认知上缺乏灵活性、变通性,为"只见树木,不见森林"的非系统思维所局限。民主主义者、自由主义者,同时一定是个人主义者。个人主义者关注个人的需要、处境与尊严,但有时,尤其是必要时,也应关注整体。

4

什么是生命教育?简而言之,就是引导人们"乐生"的教育。我强调每一个人都应该尽量享受人生:活着,就是为了享受。如果学习、付出、劳作、交往、奉献等,不能带给人享受,或者不是为了能更好地享受人生,那便是异化的力量。一个人能不能"乐生",取决于诸多因素,但最根本的一点是心态,包括生活态度、价值观等。朝向乐生的教育,就是朝向幸福的教育。愿所有的人都能有滋有味、兴高采烈、心花怒放、满心欢喜地享受生命里的每一刻。

5

人生的悲剧其实应该包括苟活一世。所谓"苟活",表现为无可奈何地忍气吞声,为求温饱而机械劳作,没有乐趣更无对意义的追求。这是一个巨大的问题。与"苟活"相对的是"建设性地生活",将追求意义作为生活的目标与动力,为社会进步自觉地付出努力。这种努力的背后是"我与你的关系"而非"我与物的关系":把所有的人当成和自己一样的人。"以严格的内部控制"为特征的社会治理模式在很多方面会显示出巨大的效能,但它的人文主义色彩过于微弱。

6

"为什么人类需要知识分子?一个民族的知识分子,他除了要考虑这个民族的过去、当下,最重要的是考虑他的未来。每一个知识分子的眼睛应该像探照灯一样,众多的知识分子像众多探照灯一样,要照亮这个民族的未来。"这段话是作家刘震云2017年7月1日在北京大学国家发展研究院为毕业生做毕业主题演讲时说的话。这话说得很好。今天有那么多教授,那么多博士,却少有知识分子,值得深思。

7

早些年我为自己拟定的"八大人生目标",前七项有的已经实现,有的也有望实现,唯有第八项"结交80个朋友"感觉实现起来并不容易。朋友,当然可以有不同的类型,比如情感上的、思想上的、娱乐上的。但不管何种类型,大抵都要具备这几个元素:了解、尊重、信任、珍惜、欣赏和支持。我是一个不太宽容的人,所以我对朋友的要求其实是比较苛刻的。当我能把对方视为朋友时,他一定是个不错的人,尤其是个人的品格会比较完美。这个目标难以达成,也是我人生的遗憾。我越来越觉得,人可以对自己有所期许,而对于其他人,是不应该抱太多期望的。这或许就是"君子之交淡如水"的内蕴所在吧。

8

这些年,我没有练就什么本事,但练就了识人的本领。一个人的人品怎么样,这一点是可以见微知著的。而且,我认为人品不好的人,即使曾经有过某种辉煌,我相信总有一天会败落。这在我的个人观察中至今没有例外。好的人品首要的是正直,其次是善良,最后是勇敢。所有人的品格都是一个整体,各种品格之间是存在着极高的相关性的。正直中包含着诚实。缺乏善良和勇敢的人,都不太可能表现出正直。

9

好社会一定是充满活力的。在这样的社会中,每个人都追求着自己需要的满足,这包括一些并不是很健康却对社会无害的需要。这就需要权力保持边界,不可任性,更不可以有利益驱动之下的权力自肥。建设一个好社会尤其需要执政者有现代文明的良好素质,不可以个人好恶来推动权力的运作。这样的社会其实就是法治社会:人们行为的底线就是法律明确禁止的。

10

网上充满着肤浅的、似是而非的表达："我们可以不成功，但一定要成长。要明白，幸福永远比优秀重要，成长永远比成功重要！"成长与成功、幸福与优秀，在很大程度上是因果关系。可以说，因为成长所以成功；抑或是，因为成功所以成长。幸福与优秀在一定程度上也存在着互为因果的关系。它们在人生中不是价值排序的先后关系，更不是非此即彼的关系。类似"荣誉、地位并不重要，重要的是健康与幸福"这样的表述同样似是而非。殊不知，从整体上说，荣誉与地位有助于人的健康与幸福。对此，稍做些实证研究就能发现它们之间的关联。用相互联系而非孤立的眼光看待事物，有助于克服看问题的片面与肤浅。

第六章
成长是人生恒久的灿烂

成长是永恒的主题

1

前不久，我做了题为《家长与孩子共成长》的演讲。我依次谈了这样四个话题：成长意味着什么，一个称职的家长是什么样的，如何走进儿童的内心世界，经营好人生的11条建议。这是我第一次使用"腾讯课堂"，看着电脑摄像头下自己笑容灿烂的头像，如数家珍地讲述着。在最后，我给听众的祝福是"平安、健康、喜乐、成长、担当、创造"——这六点是一个整体，核心是成长。我给"成长"下的定义是"自觉地积蓄足够多的能量去建设自己美好人生的过程"。没有成长，平安、健康、喜乐的成色就不够；没有成长，担当与创造的能力就会很有限。成长是永恒的主题。

2

在好的社会中，个人的自由须限制在这两点之下：你对自由的追求不会妨碍、挤压和剥夺别人的自由，你对幸福的追求不会建立在牺牲别人的正当权益之上。当然，这需要以明确的法律条文来划定个人自由的边界。指望所有人哪怕是多数人生活在一种高尚与纯粹中是不现实的。但无论如何,"在我们之中,在我们所做的事情之中,终究是好的多,坏的少"。以理想主义的崇高与道德上的纯粹要求每一个人,会导致公共权力对个人自由的过度挤压与规范,从而使人的个性发展受限,也使社会缺乏活力。

3

我看到有人这么说:"很多人聚在一起,从来不谈精神上的追求,他们只谈谁当了什么官,谁赚了多少钱。至于人性的高贵,对公平正义的追求,这一切都几乎没人谈。如果有人谈,大家就会认为他很幼稚。你比他过得好,他会恨你;你过得不如他,他就嘲笑你。他们从来不会关心你这个人道德怎么样,他们只想打探你有多少钱,开的是什么牌子的车,有几套房子。"据我个人的经验,这个描述是比较客观的。究其原因,最根本的是人的发展程度不高。对于精神的追求,以及与此相关的诸如对于正义、公平、人权、人道等的追求,在他们的需求系统中比较微弱。而导致人的发展程度不高的重要原因就是人的自由空间不够。

4

"天下三达德"——知(智)、仁、勇,是经得起推敲的。智慧,核心是良好的判断力,最高级的是创造力。缺乏智慧,不辨真假与忠奸,就属于糊涂乃至愚蠢,仁爱之心也可能为奸佞小人所利用,其勇敢也不过是匹夫之勇,是鲁莽。缺乏仁爱,聪明伶俐就会显示出狡黠和奸诈,而"勇"就可能沦为狠毒与凶残。

第六章
成长是人生恒久的灿烂

缺少勇敢,人就会患得患失、优柔寡断,显得懦弱和小气。我身边的人大多聪颖,也敢为天下先,有拍案而起、仗义执言的铮铮傲骨,如果更具有仁爱之心,就更完美了。当然,只有少部分发展程度比较高的人可以完全做到这三点。

5

让更多的人更为充分、更为细致地了解我们生活于其中的世界,不仅具有智慧价值,也具有安全价值。世界越敞亮,人心就越敞亮;人心越敞亮,人们的言行就越敞亮;自然,我们就会越少受到攻击,暗箭伤人的事就越少。社会是一个生态系统,它也会有自净功能。社会的活力,社会走向文明的内在动力,来源于开放、自治与良好的互动机制。我们每个人都可以更自觉地成为这个机制的一部分,真实地表达内心的感受与需要。

6

在人类的社会生活中,你可以很轻易地列举出它所被赋予的文化内涵,却很难找出不具有文化意义的元素或事物。比如在汉语中,表示方位的"上""下",在很多语境中都被赋予了褒贬、毁誉、好恶或尊卑。比如上班、上课、上场、下班、下课、下场中的"上""下",原本只表示"开始或结束",但当人们说"某某以权谋私,该下课了",在这里"下课"的意思是"革职""罢免"。又如"他得到了应有的下场","下场"就成了惩处或不好的结局。"上"为尊,"下"为卑,成为普遍的文化心理:苍天在上，天天向上，上进……"上"意味着"尊贵、优秀、卓越"。至于"上流社会""人上人""下三滥""下贱"，就更是直截了当地表示褒贬之意。在人类生活中，文化无处不在，也因此成就了"人是文化的动物"这个事实。

7

一个人是否有形象问题，这主要由个人言行中所包含的修养决定；一个家庭是否有形象问题，这由家风决定；而国家形象如何，则与每个人的切身利益息息相关。譬如，你作为旅游者，到了另一个国家，如果这个国家的民众对中国有特别良好的印象，那么你在几乎所有的游历中都会感到愉快，反之亦然。我们应该高度重视国家形象的建设，要相信公道自在人心。每个人的文明礼貌，每个人的自尊自重都会影响到我们的国家形象。另外，作为中国公民享有的自由、权利与福利等，也是影响国家形象的重要因素。我特别希望"中国人"在这个世界上是特别受人尊重、受人欢迎，甚至是受人羡慕的群体。

8

有人说：人生无非是"谋生"与"谋爱"。我细细琢磨，这个概括有点意思。谋生，无非涉及衣食住行，即获取生存资源。大体上可以说，一个人在谋生上用的时间与精力越少，他的发展空间就越大。如果说"谋生"主要属于人的生理需要，"谋爱"则主要属于心理需要，甚至是心理需要中比较高级的精神需要。

它意味着人通过被接纳、被欣赏、被赞美而获得存在感、价值感的精神层面的需要。爱的对立面有很多：仇视、厌恶、嫌弃、鄙夷、冷漠、痛恨……一个人爱的情感越丰富、越强烈，人生就越灿烂、越辉煌。

特别的生日礼物

我小时候也特别盼望过生日，因为在一年中，只有在生日这天，可以吃到一个完整的鸡蛋。而对于任何其他的礼物，我几乎是不敢奢望的。可童年的一次生日遭遇，冥冥中让我觉得那会是我今生收到的最别样的礼物。

那一年农历十二月初八，是我六岁的生日，可那天我母亲去姨妈家了，她在相距望城约三百公里的大通湖小住了一段时间。我这个生日因此是冷锅冷灶的。正好这天也是邻居姜大爷的生日。姜大爷家人为他做寿，亲友邻居都去他家吃午饭。大哥带着我的双胞胎兄弟中祥去，我也吵着要同去。大哥很生气，把坐在门槛上的我拖起来，抱着我的头，狠狠地往门框上磕，一边磕一边吼着："我让你去，我让你去……"当然，最终我没能去。我是不是吃了午饭，我记不得了。但大哥在我生日当天对我的暴力，却可以说刻骨铭心。此后多年，说不准会在什么时候记起这一刻，想着那个无辜、无助、悲催的小男孩在他六岁生日时的遭遇，我就会有种深深的悲伤，就会泪流满面。如果时光可以倒流，我愿意历尽千辛万苦去到那个小男孩的身边，去温暖他，去满足他所有的心愿，哪怕他的欲求有些过分。而他当时的心愿其实是非常卑微的。

那时的大哥二十岁，我不知道他遭遇了什么不顺心的事，我的不懂事激怒了他，以至于他要对我施暴。可大哥呀，你知不知

第六章
成长是人生恒久的灿烂

道,你的粗暴,你的心狠,你的愚莽,在我的心中造成了多大的伤害?每当我想起,都会有种锥心的痛,泪流不止。在人们遭遇的各种各样的伤害中,来自亲人的伤害是最为惨烈的。因为亲人之间本应该充满怜惜与珍爱,所以人们在心理机制上更难以化解这种伤痛。

1994年4月,我母亲因病去世。为了排遣内心的哀思,我写下了一些回忆性文字。其间也提及此事。我将它们一一寄给哥哥姐姐,大哥回信说他对自己当年的行为感到非常羞愧。可见他也进步了,成长了。我的外甥回信说,他妈妈看我的信时,流了很多泪。我很欣慰,我能感受到姐姐心中浓厚的亲情。因为若没有爱,读我的回忆性文字是不会流泪的。她一定想过她当时在哪里而没能呵护年幼的弟弟。

人们在面对来自亲人的伤害时,往往有两种倾向:绝大多数的人,都会选择原谅,但原谅不代表遗忘。也有部分人把伤害化作了仇恨,不仅敌视施暴者,也倾向于敌视社会与他人。我很庆幸我是正常的大多数中的一员。虽然我心中的那道伤痕只要稍经碰触,就会隐隐作痛,但在极其强烈的情感体验中却没有丝毫的仇与恨。我有了收入的这些年来,我给予大哥及他的三个子女的资助是最多的,那不是因为我和他最亲,更不是因为他带给了我不可抚平与愈合的伤痛,只因为他的生存境遇在我的兄弟姐妹之间相比而言是稍差一些的。亲情是唯一可以超越人类嫌贫爱富这种类似于本能的情感的。

随着阅历的增加,我越来越相信"一切都是最好的安排"。有时,我也在想,我所遭受的那次家暴,是不是上帝送给我的特殊的生日礼物,让我后来成长为一个教育研究者,并且因为这份独特的礼物,让我始终没有失去对生命本身最严肃的思考,对人类心灵最虔敬的关切,让我能够对各种暴力,尤其是家暴的伤害有深切的体认,从而在家庭中、学校教育中乃至整个社会中倡导爱、倡导生命教育。童年的经历让我在生活中每当看到孩子被成人粗暴对待,都会不揣冒失地出面制止,让我特别地强调要努力营造温情、温暖、温馨的生活与教育氛围,特别地强调要认真地对待每一个人的合理需要,始终用心呵护生命,关爱他人。不过,如果能让我重新选择,我不会选择这样的生日礼物,因为它作为童年经历实在过于酸楚与苦涩。我还没有那么高的境界,乐意为任何崇高目标或神圣使命在童年受难。而且,我相信,爱比伤害与苦难更能培育爱和造就人。

第六章
成长是人生恒久的灿烂

生命成长的履痕

等　待

人的一生中，有很多的时光都给予了"等待"。

我能想起来的最早的记忆是天黑后，坐在椅子上，困得不行，眼睛里像进了沙子，等待我母亲结束纺纱，带我去床上睡；等待过生日时，能吃上一个完整的鸡蛋。

后来，等待下课，等待放学；等待放假，等待过年；到了恋爱的季节，等待约会的女友的到来，等待女友的书信和电话。

再后来，等待儿子的降生；等待见到几个月未见的他，看看他的模样发生了什么变化；等待新书的出版……

再过几年，等待退休，等待孙子的降生，等待在孙子放学的校门口……

可以说，等待是一种生命状态。人，需要等待，它意味着有盼头，有牵挂，有"小确幸"降临的瞬间。

回　忆

对个人而言，回忆中包括"忆起、记得、追怀、回顾"，它是个体心理活动，甚至是精神生活中非常重要的一部分。

在散淡的时光里,有时会"记起"点什么,或许是故人,或许是故事。故事里必定有人。因而"记起"中有惦记,有牵挂,有时还有期待着的重逢。

常常因为一个情境,忆起某个人,记得某件事,或感恩,或感伤。记忆犹如一个仓库,它藏着人们形形色色的过往。一个人的幸福指数大体可以通过他的记忆库中那些"温暖与感动"所占的比重来衡量。

而我心心念念的却是"当我老了,睡意昏沉,炉火旁打盹",我依然可以确信你的记忆里仍然有我年轻时沐浴阳光的模样……

享 受

人生中有诸多的享受:从饮食到科学与艺术的创造,从生理快感到精神愉悦……

人生中有各种各样的享受,这也是人生之所以值得过的一个理由。享乐主义固然有其局限性,但禁欲主义问题更大。20世纪20年代,美国的禁酒令的结局就是一个明显的例子。而且,对几乎所有的人而言,活着都不会是为了痛苦。

盘点一下哪些事物会带给你享受,这份享受清单中哪些属于低层次需要,哪些又属于高层次需要。对这些问题的回答,也是了解自我的一部分。而且,这份清单大抵可以标示一个人的生活品位、格调和发展程度。

生理层面的享受,都伴随着一个生化过程,比如多巴胺的分泌。而精神的愉悦,却需要相应的精神修养。从这个意义上说,享受是一种能力,它有赖于恰当的教育。

节制，作为一种美德，与享受相辅相成。因为人生的诸多享受中不仅有"汝之蜜糖，吾之砒霜"，也有既为"蜜糖"亦为"砒霜"。

活　力

人，作为万物之灵的一个属性就是它的"亲生命性"。人类喜爱蓬勃旺盛的事物，看到机敏、茁壮、健硕的动物，繁茂、葱郁的植物，都会心生欢喜。

我们也都欣赏朝气蓬勃的青春模样，欣赏奔跑与跳跃的身影。

活力可以表现为热情洋溢，也可表现为自信满满，它既与精力旺盛有关，也与开朗、豪放有关。外向的性格不容易让人觉得暮气沉沉、未老先衰。

有活力是优秀教师的重要特征之一，因为有活力可以使教师更好地释放影响力，使教师的一言一行更加具有力量，进而能够更好地激发学生主动模仿教师的行为以及其他更为高级与复杂的学习行为。我相信它也是很多其他行业优秀从业者的重要特征。

一个人，乃至一个地区或国家，其活力的旺盛程度都与开放程度相关。一个系统，只有开放，才能与外界进行信息与能量的交流。新陈代谢的完结也就意味着生命的终结。信息的闭塞与来源的单一，头脑的僵化，社会阶层的固化，都不利于个人乃至社会的活力的迸发。

自 豪 感

　　自豪感作为幸福的一个元素，无疑属于人们的积极情感，它可以来自诸多方面：如果我们的国家，属于世界一流国家，我们会有更为强烈的作为国民的自豪感；如果我们的民族，属于世界上非常优秀的民族，我们会有一种非常真实而厚重的民族自豪感；如果我们的亲友中有非常卓越的人物，我们会因此而感到自豪；如果我们生活的地区有特别令人骄傲之处，我们会有作为当地主人的自豪感……

　　而被许多人忽略的一点就是：所有的人，作为人本身就是特别值得自豪的——人，真真切切地属于万物之灵。人类有卓著的发现能力，但即使在广袤的宇宙中，科学家们也还没有发现比人类更为高级的智慧生物。

　　在我们生活的星球上，有数以千万计的生物，但好像没有任何一种生物比人类的食物种类更丰富。许多动物都只有很有限的食物种类，它们的生理机能是特定化的。动物进食基本只是为了解除由内分泌所导致的饥饿感，它们经常茹毛饮血、狼吞虎咽，而人类可以享受自己创造的饮食文化，从烹饪技法到餐桌礼仪，从茶道到行酒令，在细嚼慢咽中品尝美食。

　　建设好我们的国家，使我们的民族真正成为在智慧与品格上都很卓越的民族，这就需要更加开放与多元化。

第六章
成长是人生恒久的灿烂

陌 生 人

虽然中国的城市化进程方兴未艾,但中国人基本上还没有走出乡土社会的牢笼。一个典型的表现就是人们对待陌生人的态度。

在许多人心中,与陌生人接触存在着不安全因素。家长都会郑重其事地教育孩子:"关好窗,锁好门,谨慎对待陌生人。"这也不能算错,毕竟人们可以举出许多由于轻信而受骗上当的例子。

可这样的教育在孩子心中播下了过度防范的种子,这不利于他们成为好社会的积极的建设者。

陌生人之间的关系冷漠,人与人之间缺少必要的关爱、互助、热情与利他行为,是中国社会非常突出的问题。

在一个社会中,爱心会传递爱心,冷漠会滋生冷漠,信任会培植信任,猜忌会放大猜忌。

着 装

着装可以反映一个人的经济状况、审美趣味、自我认知、生活品位这些相互关联的方面。一般而言,发达国家比发展中国家人民的着装普遍更有品质与美感,发达国家中经济状况好的又优于经济状况差一些的。城里人比乡下人着装更好,当今中国年轻人的着装比年长的人更好,这也反映了社会进步。

在着装上,我同样主张"有尊严的多样化"。比如男教师走进课堂,可以穿西服,也可以穿唐装、汉服或中山装,还可以穿长袍马褂。既可以很正式,也可以很休闲,但最好不要显得着装劣质、廉价。

有品位的着装是享受生活的一部分。记得小时候盼着穿新衣服，穿新鞋子，穿着新衣服心里会甜蜜好些天。

鼓励人们讲究着装，既有助于拉动内需，也可以促进服饰文化的进步，更重要的是可以提高人们的幸福指数。

红 包

近些年，我的收入没有太多的用场，主要用来发红包。每年都会发出去几千个红包。

当我想到某一位亲友，心里有股暖流在缓缓地流动，我就会给他发个红包。在我的心中，红包代表我对对方的思念、感恩和珍惜。我在"家庭闲聊群"里发的红包最多，这可真是大家庭：我的哥哥姐姐，以及他们的配偶与子女，总共29人。因此，我发的最大红包是在这个群中：5800元，每人200元，这也是红包的最大限额了。

我发在群里的红包都不用抢，人人有份。24小时内随时可以领取。这就不会出现因为有人没抢到而心生遗憾的情况。遗憾和沮丧都属于消极情绪，爱一个人也会体现在希望对方有更多积极的情绪体验。红包真是一个好东西：它是随时可以派遣出去的表达爱与感恩的使者，而每个红包最高限额200元又可以防止它变成行贿、受贿的媒介与载体。

情感需要表达，爱更需要表达。每次我发出一个红包，因为是心甘情愿的，也都会有一种"小确幸"。红包小小，祝福深深。对于爱我的人和我爱的人，我的心中有满满的祝福。我确信慷慨的给予和毫不吝啬的付出只因为有爱。我祈愿有更多的人其内心因为乐意给予而变得富有。

应　对

人的一生中几乎每天都要应对各种不同的局面：有的是冲突，有的是挑战，有的是考验，有的是危情，有的则可能是陷阱……

许多局面应对不当，问题都不会太大，但比如驾车时遇到险情应对失当则有可能导致车毁人亡的惨剧。2018年川航的一位飞机驾驶员，在危急时刻由于应对得当而避免了一场空难，因此受到表彰与奖励。

正确的应对与训练有素有关，尤其是复杂情况下的应对。有的新闻发言人由于见识不够、格局不够，在面对记者锋芒毕露的提问时常常应对失当。

从个社会的角度看，应对的水准反映着文明的程度，一个人的应对水准可以反映其智慧与品格修养。

在教学中，教师有必要"夫子自道"，将自己成功应对复杂局面的经验或应对不当的教训真诚地分享给学生。这也是良好教育的应有之义。

礼　物

我儿子三岁多一点的时候，一个周六的早上，他妈妈告诉他："今天汪阿姨会来我们家，她会送给你礼物的。"他特别兴奋也很期盼，过几分钟就要问一次："妈妈，汪阿姨什么时候会来呀？"

十点刚过，客人来了，送给他一盒巧克力。他默默地收下了。可过了一会儿，他却问客人："汪阿姨，礼物呢？"在客人有些错愕之际，我赶紧对他说："巧克力就是礼物呀！"在一个三岁小孩的心中，好吃的不算礼物，只有玩具才算礼物。

其实，凡是馈赠给他人表达美好情意的所有物件，都可以算作礼物。

我有很多的朋友，每年都会收到很多礼物，尤其是在全国生命教育年会期间。

常言道："礼下于人，将有所求。"而我大多数时候的体会不是这样子。我收到的礼物，几乎都是纯粹地表达友爱与祝福的，当然，这与我手中没有什么权力有关，而且我也一定会让礼物在朋友间流转，毕竟礼尚往来嘛。

据我观察：那些手中掌握权力与资源的人，送礼的人会络绎不绝，可对于那些良知未泯的人来说，这些"礼物"统统都是负担。

礼多人不怪。但它只有作为美好情感的物质载体，才能称其为真正的礼物。

讲　理

我总希望从国家的大政方针到普通民众的日常生活，凡事都得讲理。理直，才能气壮；理得，才会心安；据理，方可力争。

何为"理"？伦理、法理、哲理、物理、心理……各行各业都有"道"，万事万物皆有"理"。虽然"人心不同，各如其面"，但"人同此心，心同此理"是更为基本的一面。对几乎所有事情的合理性判断，依据常情常理，基本上不会有太大的错。

第六章
成长是人生恒久的灿烂

一天，我打算出校门购物，走到平时都开的南门，却不能通行。问其理由，说是因为这两天研究生考试。我跑到学校的保卫处，想弄清楚关闭南门与研究生考试之间是什么关系，值班的工作人员说："有七八千外面的人员进来，不能将所有门都打开，故集中到东、西两个门。"我仍不解："多开一个门，不是能更好地疏导进出人员，避免人员的过分集中，从而有利于疫情的防控吗？"我们社会的许多管理部门考虑的多是自己管控的便利，常常是想一出是一出，而很少顾及其后果。他们在意的是"利"而非"理（义）"。

从一定意义上说，教育无非是为了让人知书识"理"、通情达理，可是在我们这个社会里，生活中能知行合一的人极少。也正因为这样，我们这个社会合理的事情较少而不合理的事情偏多，而大家都习以为常，见怪不怪。

如果一个社会的教育不能把"培养凡事讲理、追求真理、服膺真理的人"作为自觉的追求，那它就很容易沦为利益集团所操控的工具。

我的老师

中国古代讲"天地君亲师","师"与"天地君亲"并列,说明我们的祖先对于文化血脉、精神传承的重视。仔细想想,父母给予了我们自然生命,而老师却参与了我们社会生命和精神生命的创造和建构。人作为万物之灵,精神生命是高于社会生命更高于自然生命的,尽管这三者并不能简单割裂。

我对小学和中学时期的老师的印象大多模糊了。这背后的原因也许同我的成长背景有关。那时农村的中小学,有较高的专业素养的老师几乎是凤毛麟角。作为老师,唯有专业素养可以构成他的影响力,从而才能在学生心中留下深刻而美好的记忆。因为爱心、热情、渊深的知识、教学的技艺、和谐的个性无一不是教师专业素养的构成要素。

我在大学本科和研究生时期都遇到过对我影响比较大的老师。对我影响比较大的有六位老师:当时哲学系的陈仲华老师,我所在的教育系的王策三老师、郭齐家老师、王炳照老师和我的导师孙喜亭先生与成有信先生。

大二上学期(1981年9月—1982年1月),陈仲华老师给我们上哲学课,讲辩证唯物主义。陈老师讲课非常投入,浓重的四川口音里满含着对工作和学生的热情以及他对社会、人生的理解。有一次讲课,他调侃自己个子矮小,这让我平生第一次知道人可以揭自己的短而不失自信。期中考试前,陈老师有三个晚上为同学们复习答疑。有一天，我同班的一名同学告诉我："陈老师说你是全年级同学中最有才华的人。"我既有点得意，又有些不敢完全相信。在我四十岁以前，也时常有人夸赞我的才华，但我从内心却并没有真正确信过这一点。直到过了不惑之年，我才真正慢慢发现自己在对诸多问题的理解上，在对事物内里的洞察上，比多数同人的确还是更精深、更精准一些。陈老师能在那个时候就看到这点，并给予我热情的鼓励、精心的教诲和呵护，现在我常常感恩他老人家的用心良苦。

课程结束后，我还常去陈老师家。那时没有钱，也不懂得如何得体地表达感激之情，最多是寒暑假回家带些腊肉之类的不成敬意的薄礼。逢年过节，陈老师常叫我去他家吃饭。陈老师做的菜好吃极了。师母为人极其质朴、慈爱，我每次去她家里，她总是对我热情相迎、嘘寒问暖，就像母亲对待自己的孩子一样，所以我在她家从来没有感到过拘束。

陈老师一家曾经给予过我的无私慷慨的帮助令我没齿难忘、感激不尽。那是1985年的春天，我年届六旬的母亲第一次也是最后一次来北京看我。那时我在读研，几乎没有打工赚钱的机会，穷学生一个，住在五人一间的集体宿舍。住旅馆怕花钱，母亲只好借住在我班的女同学宿舍。住了一晚，第二天一名女同学提出希望我能够帮我母亲另找地方住。正在我为难之时，陈老师主动提出让我母亲住他家。我并没有告诉任何老师我的母亲来北京的事，当然也包括陈老师。我也不知道他是怎么知道的。后来我还问过他是怎么知道的，他只说记不得了。其实，陈老师家并不宽敞，不到四十平方米的两居室住着三口人。当时陈老师的大儿子在上海上大学，小儿子在上初三。我的母亲在陈老师家住了六晚，临走时陈老师还特地做了一桌菜为我母亲饯行，那是一顿丰盛的午餐，一顿足以温暖我一生的午餐。

我母亲从北京回去后不到一年就病倒了：因中风导致半身不遂。母亲患心脏病、高血压已有多年，生怕自己身体不好不能来看看我读书的地方。在她生命最后的几年里不止一次地对我说，"幸好1985年去了北京，要不就去不了了"，也不止一次地对我说"你有那么好的老师，是你的福分"。是呀，一个大学教授让一个非亲非故的农村老太太住到自己并不宽敞的家中，这有几个人能够做得到呢。一个有着如此高尚情怀的人，一个对你如此厚爱的人怎能不让你感念一生呢？我将陈老师怎样待我的事告诉我的妻子、我的儿子、我的哥哥姐姐、我特别要好的朋友，他们都非常感动，特别是我的妻子常常提醒我多去看望陈老师。大前年，陈先生八十华诞，我写了一副寿联："寿比南山只因报国有功，爱生如子乐得延年益寿。"一副寿联不足以表达我对陈老师的感激于万一，但陈先生甚是欣喜。这里有必要交代一下，寿联里说陈先生"报国有功"是因为他青年时期曾奔赴朝鲜战场，并且在战场上负了伤。在我心中，陈老师是在现实世界里可以找得到的最具有生命温度的教师的楷模。

王策三老师给我们八〇级学生上了一学年的教育学，每周半天，三节课连续上。我很早就意识到，王老师是他那一代人中对教育学理解最为通透的学者之一，他的学术建树也将是最经得起岁月的检验的。随着我学识的积累和眼界的开阔，我越来越确信自己的这个判断。上学时以至直到以后多年，我也常去王老师家。一个本科生，跑到家里来问问题，要换成我，一定不会太情愿、太热心。说实话，我现在都能想象到那个时候的我一定存在着对

第六章
成长是人生恒久的灿烂

别人的情绪反应不够敏感的问题。可我记得的是王老师总是很有耐心、很平等、很仁爱、很真诚地欣赏我的问题并给予我不倦的教诲。他笑容满面的神态是我人生旅途中一道灿烂的风景。他帮我斟词酌句修改过的文稿，我至今还保存着。每次从他家走出来，内心都充满温暖、希望和力量。我想，这就是好老师。在一个人的成长中能遇到这样的老师是多么幸运。那时候我们的老师没有自己独立的办公室，电话也没普及，根本不可能电话预约，我们常常是心血来潮就登门拜访了，却不知道表达感恩，哪怕是微小到夏日里的一个西瓜或清明后的一包茶叶。

时至今天，我仍会常常想起王老师给我的一些思想方法上的教诲，也包括他在一些人情世故的处理上的智慧。王老师待人恳切，谦和中带着自信。他内心极其平和，无论多么极端的情况，他的评论几乎都没有激愤之辞。尤其令我印象深刻的是，无论议论到谁，他总能发现别人的闪光之处，并给予真诚的欣赏和赞美。那么多次的交谈，我没有发现他对谁有过恶意。有人总结出良好的人际沟通的秘诀："嘴里没有否定，眼中没有蔑视，表情没有冷漠，动作没有威胁。"这几点王老师都做到了，那是一个有着很高人格修养的人才能真正做到的。

后来王先生搬到校外去住，因为有了点距离，再加上我要做的事也多了起来，我去他家的次数也就少了。但每当我对某些问题有困惑，或者有自鸣得意的理解，我都会想到要向王先生诉说。他没能够成为我的导师，可在我心中，他是我最重要的一位精神导师，是我自觉非常熟悉又非常敬重的前辈。

郭齐家老师的专业是中国教育史。当时有两位老师给我们年级上同一门课。我在一班，郭老师给二班上课。郭老师学问好，不仅对古典文献了如指掌，而且对许多历史人物的逸闻趣事也能够娓娓道来，讲得生动传神，加上他对教学一丝不苟，还很有才情，课讲得十分有感染力，教学因此也就有了超凡的吸引力。由于两个班上课的时间相同，我们一班的同学经常冒着得罪教我们的老师的"危险"去听他的课，我就是这些人中的一个（从后来的结果看，我和同学们都是"小人之心"了）。就这样我和郭老师相识了。

郭先生是一位真正的儒者。尽管他出生于城市，却对农村出来的贫寒子弟并不歧视，反而格外关注，格外提携，尤其是对于家境困难的同学，总是想方设法给予帮扶，包括找工作。上学时，乃至工作后，我也时常去他家。有一年春节，我没回湖南老家过年，郭老师叫我去他家吃饭。吃了午饭，还非叫我去吃晚饭，我很过意不去却又盛情难却。我还记得我的孩子还没有出生，他和麻师母就一道送来婴儿用品，并向我们传授育儿经验。在和他的交往中，总让人感觉到真挚而又浓浓的人情味。后来，郭先生偕麻师母去了北师大珠海分校。我和他交往少了，但每每想到郭先生，我心中的那份温暖与感激，并没有因为距离的变化而减少。

我的硕士研究生导师孙喜亭老师因患病而不能说话已整整十年了。刚开始时，孙先生见到我会很难过，止不住地流泪。我想这是由于孙先生很要强，对自己不能在学术园地中继续耕耘有些沮丧和感伤吧。对此，我也特别伤怀。孙先生在 20 世纪 90 年代以前，也就是他老人家六十岁以前，和他那一代的许多人一样，日子过得并不轻松：经济的不宽裕尚在其次，精神上的压抑才是主要原因。那个年代，孙先生骨子里刚毅、倔强，不会溜须拍马，更不会卑躬屈膝，这使得他不被重用，也让他感到不得志。在我

第六章
成长是人生恒久的灿烂

看来，他是一个被时代耽误了的人。孙先生是极有才华和胆魄的人。他的一颦一笑，他的举手投足间有着一种天然的不怒而威的领袖风范。如果遇到好机遇，他是可以在人生的大舞台上叱咤风云一番的。

许多学生都怕老师，可我对孙先生没有一点畏惧感，反倒觉得他亲切、平和、仁慈、朴素。有时我坐在他的对面，低头沉思的我们抬头相视一笑，我的心中就荡漾着花样的涟漪。

成有信先生是我攻读博士研究生时的导师。成先生在学术成就上有许多引以为傲的纪录。成先生和孙先生是真正的好朋友，两位老先生惺惺相惜，相互扶持，给我们留下了同道相处的榜样。特别是他们共同拥有的刚正不阿、不畏强权、仗义执言、敢于承担的品格给了我极大的影响。在我博士论文的答辩会上，成先生当着他的八位同事（这其中就有王策三先生和孙喜亭先生）和一些来旁听的老师与同学说："肖川对于教育的认识超过了我。"这当然是对我的鼓励，但能够在这种场合这样评价自己的学生需要多么大的自信和勇气。成先生的鼓励一直温暖和激励着我。我能够不倦地走在探索的路上，就是因为在这跋涉的过程中，我总会感到两位导师用殷切的目光在深情地注视着我。我是一个懒散而且比较以自我为中心的人，我为两位导师做得很少，尽管我对他们有着对待自己父亲般的感情。我视这种情感为我真正拥有的最宝贵的财富。

王炳照先生既不是我的导师，也没有给我上过课。但在我心中，他是一位重要的老师辈的人物。20世纪90年代初以前，王先生一直在北师大的学报工作。从我20世纪80年代中期在《北京师范大学学报（社会科学版）》发表文章开始和王先生交往，直到他2009年去世,二十多年里我无数次地和王先生交谈。他极其随和、坦诚,没有一丝一毫的怠慢与敷衍。2000年10月,我和王先生一道在西藏大学讲课,当时王先生已是年近七旬的老人了,每天讲半天的课,十天,他一天没落。也是从2000年以后,我和王先生住得很近,经常看到他在楼下散步。有时我就凑到他跟前和他海阔天空地聊。照理说,我既不是他的同辈,也不是他嫡系的学生,可他和我讲他的辛酸经历,讲他和他的老师的交往,讲他教育孩子的心得,讲他的同事相处之道,讲院内院外的人和事……他从不掩饰自己对人、对事的真实看法,让人感觉他是那样纯净,既无害人之心,也无防人之心,拥有清清爽爽、干干净净的心地与头脑。

因为王先生的母亲十分长寿,多年来王先生自己的身体也一直十分硬朗,所以他对自己的健康、长寿十分自信。也许是由于我那些年经常外出讲课吧,虽然我们住得很近,但他生病住院没人告诉我,我居然不知道。直到有一天我去办公室,在英东楼318室看到学院为他老人家设置的灵堂才知道他老人家去世了,我顿时惊愕不已,潸然泪下。

这些年来,我常常想念王先生,仿佛他就不曾离去。他伟岸的身躯,他佛陀一般的面容,他爽朗的笑声,都是那样熟悉和亲切。这也使我对诗人臧克家先生纪念鲁迅的那句诗——"有的人活着,他已经死了;有的人死了,他还活着"有了更真切和更丰富的理解。

我上面提及的六位老师都有一个共同点,那就是他们待人真挚:他们的言辞情真意切,他们对学生的教诲语重心长,他们坦荡地为人,诚恳地对待他人。从他们身上你感觉不到哪怕丝毫的

第六章
成长是人生恒久的灿烂

拒人于千里之外的冷漠，也感觉不到一丁点儿的言不由衷的说教。你感觉得到的是在他们一颦一笑中流露出的一个真正的读书人、一个正直的中国知识分子真实的爱恨情仇。对我来说，六位老师还有一个共同点，就是我在他们的家中都吃过饭。现在人们对吃顿饭已经不介意甚至可能没什么感觉了，可在我的学生时代，在老师家中吃顿饭并非一件寻常事。要知道，那可是在老师家里，而不是像在饭店里礼貌地聚在一起吃顿饭。只有感情亲近的人才可以去家里吃饭，至少我这样认为。

我的六位老师，除了王炳照先生在他老人家七十五岁时去世了外，其他五位老师都已是耄耋之年的老人了。这五位老先生，除了孙先生身体欠佳外，其他四位都精神矍铄，表现出旺盛的生命力。孔子说"仁者寿"，大概就因为仁者的情怀、仁者的器局、仁者的作风有助于延年益寿吧。

1980年我带着一颗"粗糙"的心来到了北师大，遇到了这些老师，受到他们真情与智慧的沐浴与滋养，我是多么幸运，又是多么幸福！我已年过半百，也早已有了自己的学生，我时常对照我的老师检讨自己，希望我也能够像我敬爱的老师所做到的那样，在那些年轻的生命里留下温暖而绵长的记忆。

金钱在生活中的角色

金钱在人们的生活中扮演着非常重要的角色。在一个制度健全的社会，能不能挣到钱，主要取决于一个人的头脑，但怎么去花钱，却可以反映一个人的心灵。有句话说得好："钱财不但可以改变人的个性，还可以让人露出本性。"为金钱而劳作的人生是没有品位与格调的，当金钱成为你追求真理、服务社会的副产品时，你不仅一定会变得富有，而且人生也会有境界。

网上有个帖子，无非是逗人一乐。老师提问："'有钱，任性'的下联是什么？"小明回复："没钱，认命。"有钱，的确可以提高人应对挑战与困难的能力，拥有更多的选择，因而拥有更多的意志自由。当你富有到不怕失业，有足够的能力为自己的特立独行买单时，你就可以在不违法乱纪的前提下率性而为。没钱，能认命的至少生性善良，怕就怕没钱就捣乱的人：我过得不好，谁也别想好过。这种人是社会的破坏者。无产者很容易成为流氓，就因为他一无所有也就无所顾忌，没有底线。没钱认命当然不是最好的生命姿态，比较好的应该是积极进取、自强不息而又"安平乐道"。平是平淡、平凡，而不是安于贫穷。

在谈论金钱与快乐的关系时，有这样貌似高深的说法：金钱能买来床，却买不来睡眠；金钱能买来食物，却买不来食欲；金钱能买来房屋，却买不来家……类似的说法不一而足，表面看深刻，实际上似是而非。睡眠是健康人的本能，根本不需要去买，就算不少人受着失眠的困扰，那对这些人来说，有钱也比没钱好，他可以去花钱治疗。金钱是买不来食欲，可买对的食物可以激发食欲。金钱能否带给人快乐，取决于人们是否能正确地花钱。如果你认为金钱无法买到快乐，那是因为你没有正确地花钱。没有金钱，许多人生美好的体验我们就难以获得，比如环球旅行。

在人与人之间，钱是重要的，也是敏感的。没有人不在乎钱，差别只在于它在价值排序中处于何种位置：是排在亲情、爱情、友情之前，还是排在亲情、爱情、友情之后？一个人只有发展程度比较高，才可以无怨无悔地将亲情、爱情、友情等置于金钱之上。否则，拥有再多的钱，也做不到这点。有人愿意不求回报地给你钱，不论你缺不缺钱，也不论多少，都是一份很浓厚的恩情。

金钱是卑贱之物，当你将它作为追求目标时，它要么高高在上，一副拒人于千里之外的傲慢之态；要么对你不屑一顾，当你一不留神时，它一溜烟儿跑得无影无踪。当你将伟大事业、真爱与个人爱好作为努力目标时，金钱就会轻而易举地成为你的囊中之物。当一个人把占有金钱作为工作目标时，他是不会有品位的，当然也不会有人格魅力，更要不得的是追求来路不当的金钱，这会导致人道德堕落，内心充满恐惧，也根本无法真正享受金钱带来的快乐。

朝着梦想的远方

尊敬的各位同事:

我很高兴,举办者能够邀请我参加这一活动。这不仅能让我亲临现场表达我对三位新近荣休的同事的祝福,也让我能见到诸位同人,包括几位阔别多年的同事。毋庸讳言,人与人之间的关系是很脆弱的,尤其是同事关系。但我自以为,我和郑新蓉、陈建翔、魏曼华三位老师还是有着不错的私谊的,尽管我们在处世态度、学术志趣、表达风格等方面多有不同。我个人远未达到先贤所推崇的君子境界,但我们之间很好地做到了"和而不同",这主要归因于他们三位的修为。

我硕士一毕业参加工作,郑老师、魏老师就是我的同事,她们也是我的学姐。陈老师虽比我年长,却是我的学弟,令我自豪的学弟。巧合的是,今天的三位主角,包括在座的劳凯声教授、高洪源教授、张莉莉教授、高益民教授、胡艳教授、余清臣教授,我们的大学本科都是在北师大教育系度过的。剔除掉"搞小圈子"嫌疑,当然可以保留狐假虎威的私心,我把这些在北师大就读本科的人称为"北师大土著"。这些人如果说有什么共同点的话,用今天比较时尚的词来描述,那就是比较"佛系":不那么急功近利,不那么耽于名利。当然,还有更重要的一点就是比较看重学术节操,绝不会以学术为包装挟带点私货。尽管这些"土著"在思想的深刻、视野的宽广、方法的娴熟、表达的精准上尚有努力的空间，但在学术的真诚上，我以为还是蛮令人肃然起敬的。

在我和同事们一起工作的三十多年中，有很多美好的记忆。这既包括真诚分享的学术沙龙，也包括"欢送劳凯声教授调往首都师范大学的告别聚会"，同事们对劳教授作为自己"重要他人"的情真意切的感恩和充满温暖的回忆，它在很大程度上改变了我对同事关系的认知。我们钦佩的人身上有我们热爱的品质，对此，我深以为然。这个品质是不是就包含了"佛系"？当然，不是"躺平"。尽管大家都有"躺平"的权利、理由甚至资本。

我们今天的会议主题是"教育学人的成长经验与时代使命"，虽然当下说"学术"有些奢侈，谈"时代使命"也有陈义过高之嫌，但说个人的"成长经验"，还是有很大的话题空间的。在这里，"经验"不只是与"成功"相伴的经历与体验，也包括失落、迷茫、挣扎、痛苦乃至绝望等心路历程与精神成就。

"教育学是迷恋人成长的学问"，这是马克斯·范梅南的经典表达。成长是每一个人最重要的生命主题，甚至可以直截了当地说：成长的对立面只有死亡。作为研究教育学的人，自然应该认真积攒、总结和升华自己的成长经验，首先是作为"人"的成长经验，其次，才是作为"学人"的成长经验。

三位同事的经验分享，值得我很好地学习、消化与吸收。每一个人都有值得我学习的地方。由于我和陈老师住得比较近，我们之间的交流就相对多一些。他还多次光临寒舍品茗叙谈。都市人在自家的居所接待客人，尤其当这个客人是同事时，这并不是一件寻常小事。在世事变迁中，人们形成着新的心照不宣的禁忌，也形成着人心之间的隔阂。人们在保护隐私的同时也丧失了走近彼此的机会，这大概就是"甘蔗没有两头甜"吧。

我们这些自许为"学人"的人，尤其是我们所从事的人文社会的学术研究，在一定程度上就是一场对自己所持立场、所认同的价值观的辩护与诱导工作。但这只是我们工作的一方面，否则，我们就无法与"宣传者"区别开来。事情的另一面就是：学者不同于辩护律师，他不能只选取有利于自己观点的事实作为证据。他必须对尽可能充分显露出来的事实负责，尽管所有的"事实"都只是人们眼中的事实。比如，你在研究一个人的思想时，你需要尽可能地注意到对方公开表达的所有观点，而不只是你"愿意"看到的观点。可以说，真正的学人就是不得不在这种两难困境中"戴着镣铐跳舞的人"。知人论世，不难发现：成为一个正直、真诚而纯粹的人，有助于成为一个更具学术精神、更纯粹的学人。

我也曾不揣浅陋和我的听众分享过我的"成长经验"："深度阅读、坚持积累、细腻思考、精准表达、勤于写作、掘井及泉"，并将这六点写成文字。大方之家自然可以视为班门弄斧、不足为训的沾沾自喜。

很快，我也就要退休了。我的工作并不繁重，但我仍然盼着早点退休。正如很多退休的同事一样，退休不是探索的终结，相反，它可以是一个新的开始。

不论在什么时候，我都愿意与他人有更多的有意义的交往。更愿意和所有的同事发展友谊。这正如我希望我们的国家与世界上所有的国家都能够友好相处——这两者之间有着共通的心理期待：人们是通过走近他人来放大自己、喂养自己的。

我希望能够一如既往地与包括郑大姐、魏大姐、建翔兄三位同事在内的所有同人分享观点、切磋学问、砥砺品格，并祝大家不断成长，朝着梦想与远方。

第六章
成长是人生恒久的灿烂

后记

我自觉而又努力地探索生命教育已有二十余年。正如我一再强调的：生命教育的探索者首先应该是最大的受益者——让自己的生活风生水起、流光溢彩，发自内心地觉得"人间值得"，并总能以静待花开的心态面对生活，尤其是面对自己付出的努力。教师要成为这样的人：他要在尽可能多的方面、尽可能好地为学生做出示范。这包括如何待人接物、如何思考与解决复杂的问题、如何写作与设计、如何悦己乐群……一言以蔽之，如何谋生与谋爱，并能做到"在繁华中自律，在落魄中自愈；谋生的路上，不抛弃良知；谋爱的路上，不放弃尊严"。

从事人文社会领域研究的人，在一定的意义上，就是文字工作者：他总是要用自己的文字，说明和解释他眼中的世界，为自己的主张辩护，并揭露与纠正世间以讹传讹的种种不实之词。这就要求人文学者诚实地对待自己的内心：摒弃道貌岸然的说教、冠冕堂皇的宣称以及所有的陈词滥调，用朴素而准确的语言真诚地言说。

从教育的视角观照生活、观照人生，从日常生活中发掘教育的意味，这是教育学人对于这个世界所能贡献的智慧。每一个人的生活，或忙碌，或闲适；或纯粹，或芜杂；或庸常，或灿烂辉煌；或孤独寂寥，或热闹非凡；或平凡，或引人注目……但不管怎样，人们都有对于美好生活的诠释、向往与追求。理论无非是对某一对象的描述、解释与预言,从而指引人们更好地认识与行动。至于描述是否真实与系统,解释是否合理与充分,预言是否有必要的依据与准确,就要看言说者的水准了。理论与生活的隔绝,并不都是由于理论的高深莫测,很多时候是由于言说者的故作姿态以及言与意之间的"貌合神离"。生活一定是与对生活的体味相关联的,而正是这种"体味"滋养着具有理论工作者个人独特气质的理论。我将其称为"有'我'的教育学"。凡是对于个性遮蔽的言说,都将流于隔靴搔痒。宋人严羽的《沧浪诗话·诗法》有言:"意贵透彻,不可隔靴搔痒。"要做到透彻,就少不了切己的体察、精心的观照和细密的梳理。

这本小书呈现给读者的并不是一个构思精良、层层深入的卓越的文本,但文字间饱含的真诚、充满善意与热忱的生活态度,却是我极力推崇的生命姿态的亮相。言有尽而意无穷,作为写作者的追求,能在多大的程度上得以实现,就只能由读者和时光来检验了。

我期待读者的批评指正。我相信批评使人进步。让生命置身于进步状态中,这也是生命教育所倡导的。

2022 年 10 月 21 日